JN096274

日本比較政治学会年報第25号

危機と国家

日本比較政治学会 編

ミネルヴァ書房

は じ め に

　近年，比較政治学の分析対象として中心的位置を占めてきた「国家
（state）」への関心が，後景に退いてきているように思われる。その背景
には，「因果推論革命」を経た現在の政治学の実証水準では，反実仮想を
作りにくい国家レベルの分析よりも，より堅固な因果推論が可能な個人や
地域レベルの分析へとシフトしているという潮流があるのだろう。確かに，
Przeworski（2009）が指摘するように，実験ではなく観察データに頼ら
ざるを得ない国家間比較では，観察できない変数による欠落変数バイアス，
自己選択バイアス，効果の独立性バイアス，といったバイアスを避けるこ
とが難しく，それは慎重に設計されたミルの差異法や，「最も似たケース
間比較（most similar systems design）」（Przeworski and Teune 1970）
にもついて回る問題である。

　しかし，この間の新型コロナウイルス（COVID-19）への対応に見られ
るように，特に危機に際して対応する国家の重要性はいささかも減じては
いない。領土内での物理的強制力の正統な行使を実効的に独占する唯一の
組織である近代国家は，感染症の蔓延のように，対処に集合行為を必要と
する危機に際しては中心的役割を果たさざるをえない。しかし，国家が対
応に中心的役割を果たす危機は感染症の蔓延には限られず，かつて国家論
が指摘したように，経済的危機への対応にも国家が重要な役割を担ってお
り，しかも国家の組織形態や国家－社会関係のあり方が危機対応への違い
を生むとつとに指摘されてきた（cf. Katzenstein ed. 1978）。

　さらに，危機には国家を形作る側面もある。戦争のような軍事的危機や，
大恐慌のような経済的危機が，国家のあり方を根本から改めてきた（Til-
ly 1985; Weir and Skocpol 1985; Downing 1992）。では，現下の危機は国
家をどのような方向へと変化させていくのだろうか。

　このように，本特集は，国家間比較が本来的に有する方法論的難題を念

頭に置きつつも，あえて国家と危機との間の関係を正面から問う。一方の問題意識としては，制度形態や統治能力といった国家のあり方の違いが危機への対応にどのような違いをもたらすのかという側面を問うことになる。他方，危機が国家のあり方を形作る側面をも問う。国家が危機対応に違いをもたらす側面と，危機が国家のあり方に違いをもたらす側面の両方を視野に入れ，理論的かつ実証的なアプローチから検討していくのである。

　本号は，2022年の研究大会共通論題報告をもとにした3本の論文と，会員から公募で寄せられた5本の論文とにより，4部構成をとる。第1部は，COVID-19という感染症の蔓延に襲われた各国の対応の違いを，質的・量的データを用いて，政治体制や政治制度の影響の観点から分析する。第2部は，紛争という危機が市民の国家に対する認知に与える影響と，国家が紛争管理に与える影響を検討する。第3部は，国家の行う公共政策と危機との間の関係を，再生産，食品安全政策，福祉政策という三つの政策領域を素材として考察する。第4部は，EUという超国家組織と主権国家である加盟各国がマルチレベルのガバナンスを織りなす欧州を舞台に，危機がEUと国家との関係性の変化に与えた影響について分析する。

　以下，各章の内容を簡潔に紹介したい。第1部の安中論文は，中国をはじめとする権威主義国家のほうが民主主義国家よりも，市民の自由を強力に制限することによって感染抑止に成功し，COVID-19の犠牲を最小限にとどめたとする言説の妥当性を検証する。確かに，各国の政治体制の民主化（自由化）度合いとCOVID-19による累積死者数を単純に比較すると，民主化度合いが高いほど死者数が多い傾向が確認できる。しかし，安中によれば，権威主義国家の報告するデータの信頼性が低いことはつとに指摘されてきた事実であり，そうしたデータの透明性を考慮に入れると，権威主義国家の優位性は消え去る。加えて，COVID-19によると報告された直接の死者数ではなく，超過死亡数を説明対象に置き換えると，権威主義体制の優位どころか，むしろ民主主義体制の優位が先行研究では報告されていると指摘する。さらに，長期的観点からみれば，民主主義体制では様々

な感染症による死者数が減少し，乳児死亡率も低下することが明らかとなっている。それゆえ，安中は，人々の健康に関連する問題において，民主主義体制の方が権威主義体制よりも総合的に見て良好な成果を残していると結論づける。

　小松論文は，COVID-19の蔓延という，世界中の国々にとって同時・同一の危機に対する各国の対応がなぜ異なるものとなったのかという問いに対して，特に個人の自由を極度に制限するロックダウンに焦点を当てることで答えようとする。イギリス，ニュージーランド，日本の3カ国を対象とする比較事例研究において，小松が取り上げる説明変数は「アクターの選好」と「感染症対策の制度」の2つである。小松によれば，ニュージーランドは政府と専門家というアクターが感染抑止の手段としてロックダウンを選好し，感染症対策の法制度がそれを可能としていたがゆえにロックダウンが選択された。一方，イギリスの法体系はロックダウンを可能とするものであったが，政府と専門家がそれを志向せず当初はロックダウンが取られなかった。また，政府のアクターが専門家の対策に疑問を抱き始めたものの，専門家の科学的知見に基づく政治的決定という連携体制が逆にロックダウンという政策決定に遅れを生じさせた。日本は，感染症対策の歴史的経緯から政府と専門家のアクターがロックダウンを選好せず，感染症対策の法体系もまたそれを可能とするものではなかったので，ロックダウンが取られなかったと結論づける。

　第2部では，紛争という危機と国家との関係が検討される。末近・山尾論文は，権威主義的統治が再構築されているシリアを対象に，非リベラルな国家建設がどのような条件下であれば市民に受け入れられるのかというメカニズムの解明を試みる。言論統制，空間支配，クライエンテリズムによる政治経済的支配を特徴とする「権威主義的紛争管理」が機能するかどうかは，国家の側だけではなく，それを受け入れる市民の側の反応も重要である。そこで，末近と山尾は，シリア全土を対象とする世論調査を実施し，紛争の経験のあり方が「権威主義的紛争管理」の受容に影響するのか

どうかを検証した。世論調査分析の結果は，紛争を経験して政府の支配が再確立された地域では，支配者の交代がなかった地域に比べ，政府による言論統制と政治経済的支配が受け入れられやすいことを示したのである。

　谷口論文は，国家という統治組織の重要な構成要素である政軍関係に焦点を当て，分離独立紛争に対して，和平を促進するような執政長官と軍との間の関係のあり方を探る。谷口によれば，そもそも政軍関係に注目して分離独立紛争の和平成立条件を論じた研究は少ないが，少ない先行研究においても執政長官と市民との間の関係が和平を妨害する軍の行動を抑制する条件については論じられてこなかった。そこで，谷口は，執政長官に対する市民の支持が高く，政治資本が高いと軍の政治介入と軍事行動を抑制するので，和平交渉に第三者が関与する政治的空間が確保され，当事者が信頼できる第三者の関与によって和平が促進されるという仮説を立てる。そして，この仮説を，少数派のムスリムと政府とが分離独立をめぐって争ってきたフィリピンのミンダナオを事例に検証する。そして，事例研究の結果，自らの不正・汚職により大統領に対する国民の支持の低かったエストラーダおよびアロヨ政権では和平が後退した一方，大統領の政治資本が高かったアキノⅢおよびドゥテルテ政権では大統領が軍部の政治介入や軍事行動を抑制し，当事者が信頼する第三者の関与によって対話による合意形成の機会と合意の実効性が高められた結果，和平が進展したとする。

　第3部では，国家の行う公共政策と危機との間の関係が考察される。武田論文は，「国難」とも喧伝された少子化という危機に対し，日本でどのような政治過程が展開しているのかを読み解く。「規律権力」と「生政治」が組み合わさった統治のテクノロジーである「統治性」は，これまで資本主義経済システムや国民国家の再生産と結びつけられてきたが，その外側に再生産されない人々を生み出す「死政治」とも結びつく。そして，1970年代以降の新自由主義的政治経済秩序の下で，高度化された「統治性」は矛盾をもたらさざるを得なくなったと武田は論じる。というのも，市場競争で不利な立場にある女性やマイノリティは「死政治」の側にうち捨てら

れる一方，新自由主義的システムに包摂される「企業家的主体」にも再生産の確保に積極的に乗り出す合理性は存在しない。それゆえ，高度化された「統治性」が作用する現代的状況では，継続的な再生産が実現される根拠が失われているのである。そして，再生産がもっぱら家族の責任とされてきた日本においては，新自由主義が日常生活にも浸透してきた現代，女性に対して家族管理者であり且つ「企業家的主体」であることを求める無理が課されながら，国家が家族に上から「良き家族」を求める公的な統制を持ち込んでいる。つまり，政治家が「少子化問題＝国難」と論じながら，日本の女性たちに「死政治」の側へ追いやられる環境で生きることを強いているというのが現状なのである。

　早川論文は，国家の行う規制にどのようなタイミングでリスク管理が導入され，それが強化されるのかを問う。早川によれば，リスク管理の変化について先行研究は二つの見方を示してきた。一つは，危機管理論が，社会全体の注目度が高まる危機時にリスク管理が見直されると論じてきた。今ひとつは，リスクアナリシス論が，平時においてリスク管理のあり方が見直されるとしてきた。そこで，早川は1990年代以降のアメリカ合衆国の食品安全政策を対象に，リスク管理のあり方の変化を過程追跡する。そして，分析結果は，平時のリスク管理の見直しでは，規制機関が抱えるリスク管理の課題について，専門機関による勧告を活用して規制改革を進めていることを示した。また，危機時の見直しでは，規制機関が危機発生前から認識してきたリスク管理の課題や対応策が改革に活かされていることが分かった。早川は，危機は規制改革の必要条件ではないが，規制改革を促す契機となることが確認されたと主張する。

　裴論文は，日本政府は大規模な経済危機にどのように対応してきたのかという問いを立てる。雇用レジームを通じた福祉レジームの代替という特徴をもつ日本の生活保障レジームにおいて，危機がこうしたレジームに与える影響には二通りの可能性がある。一つは，雇用保障という国家福祉の機能的代替物を通じた政策対応の強化である。もう一つは，危機をきっか

けに，これまでは抑制されてきた福祉国家の役割が強くなるという可能性である。では，1970年代以降の日本の経済危機という文脈のなかで，国家はどちらの選択肢を現実化してきたのであろうか。1970年代の石油危機，2008年のリーマンショック，2020年以降の新型コロナ禍という三つの危機に対する日本の対応を精査するなかで，裵は雇用レジームを通じた福祉レジームの代替という日本型生活保障レジームの特徴は変化しなかったと結論づける。確かに，個別の制度・政策レベルでは危機に対応した変化が見られるが，雇用政策と社会政策の組み合わせによって構成されるレジームレベルでは変化が見られない。それは，自民党の政治家・官僚・企業によって構成される支配ブロックは，密接な利害関係を有する雇用レジームに福祉レジームよりも高い位置づけを与えてきたのであり，そうした制度間の権力関係に変化がないがゆえであるというのが，裵の見立てである。

　第4部では，危機がEUと国家との関係性の変化に与えた影響が分析される。佐藤論文は，2000年代半ば以降，憲法条約の挫折，ユーロ危機，難民危機，Brexit，そして新型コロナ禍といった一連の複合的危機に直面してきたEUにおいて，危機管理に国家の役割が前面に出てくる一方，欧州統合が進展するという，一見矛盾する状況が出現しているのはなぜかという問いを立てる。こうした問いに答えるために，まず佐藤が確認するのは，統合の政治化の程度である。統合の政治化は単線的に拡大してきたわけではない一方，統合に関わって「統合／境界」亀裂と呼ばれる社会的亀裂が欧州社会に出現しつつあり，欧州統合を制約する可能性がある。ところが，EU市民の統合・連帯への支持を調べると，広範なイシューで国家間の水平的な連帯への支持が存在し，争点によっては超国家的な統合への支持が存在することが分かる。それゆえ，マーストリヒト条約以降，加盟各国の世論が統合に与える影響は増したが，それは必ずしも統合の否定につながるのではなく，むしろ水平的連帯を強化し，イシューによっては垂直的統合を強化している可能性もあるとする。

　本号の特集にあたっては，編集委員として大澤貴美子，菊池啓一，富樫耕介，増原綾子，松本俊太の各会員（50音順，敬称略）に様々な業務をお願いした。非力な編集委員長をサポートしてくださった委員の皆さんに深く感謝したい。また，公募論文の掲載審査の過程では，匿名査読者として多くの会員にご協力をお願いした。批判的ではありながらも建設的なコメントにより各投稿論文のクオリティが向上したことを編集委員長として確認している。査読の労を厭わなかった査読者各位にも感謝したい。本号の土台となった2022年度研究大会では，上記編集委員を企画委員とし，近藤康史会員には大会企画副委員長としてお世話になった。共通論題では，安中進会員，佐藤俊輔会員，武田宏子会員に登壇いただき，討論者の加藤淳子会員と近藤康史会員には刺激的なコメントをいただいた。また，本学会の粕谷祐子会長，杉木明子常務理事，松浦淳介運営委員，ならびに2022年度研究大会開催校である九州大学の山尾大会員をはじめとする大会運営に携わっていただいた関係各位にも，心よりお礼申し上げたい。

　　2023年7月

日本比較政治学会年報第25号編集委員長

稗田健志［大阪公立大学］

参考文献

Downing, Brian M. (1992) *The military revolution and political change: Origins of democracy and autocracy in early modern Europe*. Princeton, N.J.: Princeton University Press.

Katzenstein, Peter J. (ed.) (1978) *Between power and plenty: Foreign economic policies of advanced industrial states*. Madison: University of Wisconsin Press.

Przeworski, Adam (2009) Is the Science of Comparative Politics Possible? In: C. Boix and S.C. Stokes (eds.) *The Oxford Handbook of Comparative Politics*. Oxford University Press, 147-171.

Przeworski, A. and Teune, H. (1970) *The logic of comparative social inquiry*. New York: Wiley-Interscience.

Tilly, Charles (1985) War Making and State Making as Organized Crime. In: P.B. Evans, D. Rueschemeyer and T. Skocpol (eds.) *Bringing the state back in*. New York: Cambridge University Press, 169-191.

Weir, M. and Skocpol, T. (1985) State structures and the possibilities for 'Keynesian' responses to the Great Depression in Sweden, Britain, and the United States. In: P.B. Evans, D. Rueschemeyer and T. Skocpol (eds.) *Bringing the state back in*. New York: Cambridge University Press, 107-164.

目 次

第 1 部

COVID-19に対峙する国家

政治体制とCOVID-19[1]

安中　進［弘前大学］

1　政治体制とCOVID-19

　COVID-19の発生は，後世の歴史教科書に確実に記載されるような重大な世界的事象であるが，こうした全世界の注目を集める事象と国家や政治体制との関係が脚光を浴びている。本論文では，現在までに蓄積された政治体制とCOVID-19との関係を分析した研究の知見を紹介する。

　COVID-19の発生以来，世界中で膨大な犠牲者が出ているが，そうした中で少なくとも最近までは，中国を代表とする権威主義国家では，市民の自由を強力に制限することにより感染抑止に成功し，犠牲を最小限にくい止めていたという指摘がある。たしかに，中国から報告される死者数は，世界的な水準から考えると極めて少なく推移しており，アメリカやヨーロッパ各国の民主主義国家で報告される死者数よりも遥かに少ない水準だといえる。しかしながら，ともに島国である点に留意する必要があるものの，民主主義国家の中でも台湾やニュージーランドなどが優秀なパフォーマンスを示している。他方，たとえばロシアでは甚大な犠牲者が発生しており，権威主義の大国の間でも著しい差異が存在している。

　このような民主主義国家同士，あるいは権威主義国家同士での大きなばらつきもあるが，政治体制とCOVID-19との関係を検討する上で考慮すべきなのが，データの信頼性の問題である。一般的に経済データなどを中心に，民主主義国家の方が権威主義国家よりも透明性が高いと指摘されてい

るからである。さらに，COVID-19が特に高齢者に集中して犠牲者を多く生んでいる点を勘案すると，民主主義国家は概して権威主義国家よりも豊かであり，高齢化が進んでいる点も当然のことながら無視できない。

　本論文では，以上のような点を念頭に，政治体制とCOVID-19の関係を分析した先行研究をまとめ，現在の研究動向を示す。結論を先取りすると，政治体制の差異に限れば，民主主義国家が権威主義国家と比較して必ずしも絶対的に不利であるとはいえず，超過死亡を用いた研究では，権威主義国家よりも優れた結果を残している可能性もあると示唆される。

　以下第2節では，権威主義国家優位と主張される根拠を再検討し，データの透明性の重要性を指摘する。第3節では，データの問題に対処するため多くの場合に用いられる超過死亡を用いた研究を紹介し，ロシアを事例に権威主義国家におけるCOVID-19データの問題を考察する。第4節では，政治体制と公衆衛生との長期的な関係を分析した研究を紹介する。第5節では，政治体制内での差異とCOVID-19の関係を考察する。第6節では，結論をまとめる。ちなみに，本論文は，概ね2022年上旬までの研究成果の蓄積を紹介する。[2]

2　政治体制の差異とデータ

　少なからぬ研究が，権威主義国家におけるCOVID-19感染対策の優位性を主張している。こうした主張の背景には，感染防止のために人々の移動を即座に制限し得る権威主義国家の性質がある。たとえば，Cheibub et al.（2020）は，民主主義国家では，死者が増えてきても効果的なロックダウン政策を行えない結果，死者数が増えたと主張している。Frey et al.（2020）は，民主主義国家は，権威主義国家と比べて，より厳しい政策や接触調査などを行わない傾向にあると論じている。また，Cepaluni et al.（2022）は，感染初期の100日間において，民主主義国家は，より多くの死者を出しており，それは対策が功を奏していない結果だとした。Narita

図1　政治体制指標とCOVID-19死者数との関係

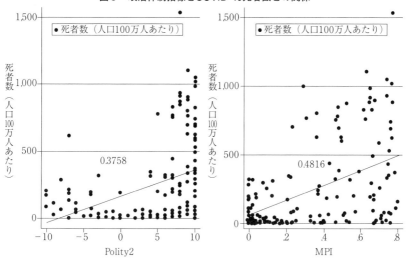

出典：左グラフ，Worldometer COVID-19 Data and Polity5 Project. 右グラフ，Worldometer COVID-19 Data and V-Dem Project.

& Sudo（2021）は，操作変数法を用いて因果関係に留意しつつ，民主主義国家では，政治体制の影響によって死者数が多くなったと指摘している。[3]Karabulut et al.（2021）も，民主主義国家では感染者数が多いと主張している。[4]

　ここでまずは，こうした主張の根拠を簡単に確認する。図1では，X軸に政治体制の民主化（自由化）度合いを測るPolity ProjectとV-Dem Projectのスコア（−10から＋10までをとる2018年のPolity2スコアと，0から1までをとる2019年のMultiplicative Polyarchy Index（以下，MPIスコア））を（Marshall et al. 2020；Coppedge et al. 2020），Y軸に2020年12月12日時点までの累積の死者数（人口100万人あたり）をとっている（Worldometer COVID-19 data, 2020）。それぞれ，162カ国と154カ国を対象としている。これを見ると，民主化度が高まると（X軸が右に進むと），死者数が増加する傾向が見て取れる。相関係数は，Polity2については0.38，MPIスコアについては0.48であり，緩やかな正の相関関係にある。[5]

多くの研究は，こうした単純な相関が示唆する関係が，豊かさや高齢化といった様々な他の要因をコントロールした上でも統計的に有意だと主張する。

こうした分析は，日々世界中から報告される情報とも一致しており，注目を集めたが，根強い反論も存在する。特に際立っているのが，権威主義国家が報告するデータの信憑性を疑う研究である。Adiguzel et al. (2020) やKapoor et al. (2020) は，ベンフォードの法則[6]などを利用し，権威主義国家が報告するデータに，統計的により多くの不自然な点を見出している。また，Annaka (2021) や安中 (2021) は，Hollyer et al. (2014) によるデータ透明性指標（Transparency Index）[7]を用いて，権威主義国家の優位を否定している。具体的にいえば，以前から経済成長を中心とする経済データに関して，権威主義国家の信頼性が低いと多くの研究で指摘されてきたが（Hollyer et al. 2010；Martinez 2022），これは当然のことながらコロナ禍での経済データにも当てはまると考えられ，さらにはCOVID-19による陽性者数や死者数にも当てはまると考えられる。したがって，こうしたデータの透明性を考慮した上でなければ，フェアな比較ができないというわけである。

図2は，データ入手の都合上やや古いが，Hollyer et al. (2014) から得た2010年のデータ透明性指標（−10から＋10までとる）と2020年12月12日時点での累積のCOVID-19死者数との関係を，データが入手可能な122カ国[8]で見ている。これを見ると，図1で示した政治体制指標と死者数との関係よりも回帰直線の傾きが急であり，相関係数は，0.65に達している[9]。こうした関係から，データの透明性が上がるだけで，報告される死者数が増加する傾向にあると確認できる。

こうしたデータの透明性を考慮に入れた分析を行うと，権威主義国家の有利な状況は統計的に有意に確認できないというのが，Annaka (2021) や安中 (2021) の結論であった[10]。また，Cassan and Van Steenvoort (2021) も，計量的な分析によって権威主義国家のデータ操作の可能性を

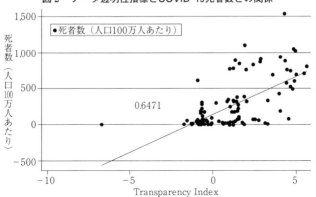

図2 データ透明性指標とCOVID-19死者数との関係

出典：Worldometer COVID-19 Data and Hollyer et al.（2014）.

指摘している。

　Neumayer and Plümper（2022）は，こうした現状の研究動向をまとめ
ており，Annaka（2021）やCassan and Steenvoort（2021）などを参照し
つつ，COVID-19の対応において，権威主義国家が優位だという主張の根
拠は弱く，権威主義国家におけるデータの信用性の問題やデータ操作の可
能性を指摘している。

　このように，現時点において，権威主義国家が有利だという結論は揺ら
いでいるといえるだろう。こうした状況は，次に見るように，超過死亡を
用いた研究によってもさらに強く裏付けられている。

3　超過死亡を用いた研究

　これまでは，上述の研究のように，各国がCOVID-19死者数として報告
するデータに基づいて分析を行うのが一般的であったが，最近では，こう
したデータの信頼性などを考慮し，超過死亡という指標を用いた分析も進
んできている。WHO（世界保健機関）は，超過死亡データを「実際の犠
牲者」（true death toll）としており，各国がCOVID-19死者数として報告

するデータよりも信頼度の高いデータが集められていると考えている（WHO 2021）。超過死亡は，「平時に予測される死者数と危機時の総死者数との差異として定義される。COVID-19の超過死亡は，ウイルスによる直接的な総死者数だけではなく，不可欠な公共医療や移動の制限といった間接的な影響による総死者数も含まれる[11]」ものである。この指標の利点は，「あらゆる原因による死を含むことにより，超過死亡は，COVID-19の報告や検査と死亡診断における死因の誤判定が国ごとに異なる点を克服する。他の病気の発生が一定期間変わらないという前提のもとで，超過死亡は，COVID-19により直接的，間接的両方に引き起こされた超過死亡だと見なせ，『システム全体』の影響の手っ取り早い指標となる」（Beaney et al. 2020：330）と主張されている。この超過死亡には複数の種類が存在しているが，Karlinsky and Kobak（2021）のデータか，それを拡張したThe Economistのデータ[12]に基づく研究が大半であると思われる。

　こうした利点に着目したBadman et al.（2021）が，最初期に政治体制と超過死亡の関係を分析した研究だと思われる。この研究では，EIU Democracy IndexやPolity2を用いて，超過死亡に関しては，各国が報告するCOVID-19の死者数と異なり，民主主義国家の方が若干少ない可能性があると指摘している。ただし，この分析は相関関係を単純に見ており，必ずしも計量経済学的な分析が十分に行われているとはいえない。これに対して，Jain et al.（2022）は，V-DemのLiberal Democracy Indexを用いて回帰分析を行い，民主主義国家の超過死亡は権威主義国家と比較して相対的に少ないという結果を報告している。こうした研究に加えて，Annaka（2022）は，政府の有効性（効率性）の高さが超過死亡の低下をもたらすが，その効果は民主主義国家においてのみ顕著であると報告しており，Knutsen and Kolvani（2022）も同様の指摘をしている。

　また，これら以外にも各国が報告するCOVID-19死者数と超過死亡を比較してデータの精度を検証する研究も進められている。Sanmarchi et al.（2021）は，民主主義国家においても，これらの指標の間に差異が見られ

る点を指摘しつつも，ロシアやカザフスタンといった国々に著しい乖離が見られる傾向を報告している。さらに，Neumayer and Plümper（2022）は，回帰分析を用いて，COVID-19死者数と超過死亡の双方に影響を与え得る要因をコントロールした上で，V-DemのLiberal Democracy Indexを用いて定義した民主主義国家では，これらの指標間の乖離が，10万人あたり 5 ． 4 人減ると報告している。そして，やはりベラルーシやロシアといった国々での乖離が著しく，先進民主主義国では大きな乖離が見られない傾向を指摘している。[13]加えて，Knutsen and Kolvani（2022）もV-DemのElectoral Democracy Indexのスコアを用いて定義した民主主義国家では，指標間の乖離が少なくなると指摘している。

　このように，超過死亡を踏まえた研究では，軒並み権威主義国家の優位どころか，民主主義国家の優位が立て続けに指摘され，権威主義国家のデータの不透明さが際立つ状況となっている。こうした民主主義国家での優位の可能性は，これまで権威主義国家に利点をもたらしていると考えられてきた強権的な政策から考えると理解可能かもしれない。すなわち，超過死亡はCOVID-19による直接的な死亡以外にもコロナ禍における死亡の増加を捉える。そのため，強権的な政策による移動の自由の制限などは，COVID-19による直接の死者を抑えるとしても，たとえば医療機関や食料へのアクセスも低下させるなど，間接的な負の影響をもたらし，それが，間接的に死亡を増やしている可能性もあり得るといえる。そのため，結果的に超過死亡で見ると，むしろ民主主義国家が優位に立っているのかもしれない。また，民主主義国家の政策を考えてみると，たとえば，Gür et al.（2022）は，民主主義国家は，コロナ禍において，権威主義国家よりも積極的な財政的支援を行っていると分析している。[14]こういった支援も民主主義国家の国民に好ましい影響をもたらしていると考えられるだろう。こうした観点は，今まで世界的に議論されてきた傾向とはまったく異なる見方を示唆している。[15]次に，特にデータの問題が指摘されているロシアの事例に基づいて，権威主義国家における状況を超過死亡の観点から考察した

い。

　ロシアは，Worldometerによれば，2022年 5 月17日時点のCOVID-19死者数が37万7,869人で世界第 4 位となっているが[16]，ロイター通信によれば，78万4,677人と報告されており，簡単にメディアから入手できる死者数自体が著しく異なっている[17]。また，たとえば，以前に東京新聞が報じていたように，ロシア国内にもCOVID-19死者数の報告に関して複数のデータが存在しており，それぞれが著しく乖離している状況にあった[18]。こうした状況や，すでに言及したSanmarchi et al.（2021）やNeumayer and Plümper（2022）などの研究が示唆するように，ロシアは，COVID-19死者数として報告されている数字と超過死亡との乖離が著しいとする指摘も複数ある。

　こうしたロシアにおけるCOVID-19のデータに関する問題を州レベルデータを用いて分析し，データ操作の可能性を指摘したのがKofanov et al.（2022）である。すでにKobak（2021）がロシア各州のデータを分析し，COVID-19死者数と超過死亡との間に著しい乖離を指摘していたが，Kofanov et al.（2022）は，こうした乖離の背景にある政治的な要因を分析した研究である[19]。この研究は，公平で透明とはいえない権威主義下で実施されるロシアの州知事選挙のタイミングが州ごとに異なっている点を利用し，報告されるCOVID-19死者数と超過死亡を比較することにより，州選挙が近い地域ほどCOVID-19死者数が過少報告される傾向を計量的に明らかにしている。さらに興味深い点として，このような権威主義国家においても，一定程度自由なメディアが機能している地域では，過少報告が少ない傾向が見られるという指摘である。各地でこうした操作が蓄積されれば，一国としてまとめた場合，相当な数に上るというのは，容易に想像できるだろう。

　このように，ロシアでは，国レベルのデータだけではなく，州レベルのデータも用いて，選挙実施タイミングという政治的な動機と自由なメディアの存在というような政治的側面から，COVID-19データの操作可能性に

関する研究が行われているのである。

4　長期的観点とその他の健康に関する指標

　これまで本論文では，政治体制とCOVID-19との関係を分析した研究の現在までの知見を概観してきたが，当然のことながら，COVID-19は，すでに終わった問題であるわけではない。そのため，本節では，政治体制とCOVID-19が，より長期的な観点から見ていかなる関係をもち得るのかを考察したい。さらには，我々はCOVID-19という問題とだけ向き合っているわけではなく，様々な公衆衛生上の問題が他にもある。そうした大局的，全体的な観点から見た政治体制とCOVID-19の関係を捉え直したい。

　McMann and Tisch（2021）は，政治体制があらゆる種類の感染症に与える影響を1900年から2019年までの長期間において分析している。この研究によれば，民主主義国家における感染症による死者数が低い傾向にあると分析されている。さらに，この研究で興味深い点は，公正な選挙の実施（V-DemのClean Elections Index）や立法，司法に対する制約（V-DemのJudicial Legislative/ Constraints on the Executive Index）などの民主主義の要素だけが死者数の減少と関係しており，表現の自由（V-DemのFreedom of Expression Index）といった要素とは統計的に有意な関係が見られないといった点である。こうした関係が示唆しているのは，国民の健康に関するニーズを汲み取らない政権が打倒されるといったプロセスによって，人々が感染症からも守られている可能性であろう。人類が悩まされてきた感染症はCOVID-19だけではないが，長期的な観点から見れば，この研究が指摘するように，これまでのところ民主主義に有利な結果が報告されているのである。

　このような感染症に対して以外の健康全般に対しても，民主主義は優位に立っていると知られている。Annaka and Higashijima（2021）やGerring et al.（2021）は，1800年，あるいは1900年まで遡ったデータを

用いて，特に国民の健康状態を判断する上で重要な指標と考えられている乳児死亡率に対する政治体制の影響を分析している。これらの研究は，それぞれ民主化の長期的効果や民主主義の長期的経験など，どういう民主主義の側面を捉えるかによって差があるが，いずれの研究も乳児死亡率の低下と民主主義との関係を報告している[20]。

　このように見てみると，すでにCOVID-19対策における短期的な権威主義国家の優位も否定されつつあるが，さらに長期的な観点や，他の健康に関する指標を総合的に考えても，権威主義国家と比較して民主主義国家が劣っているどころか，実際は逆の傾向にあると考えるのが妥当であるといえる。

5　政治体制内の差異とCOVID-19

　ここまでは，政治体制の差異とCOVID-19対策との関係を考察してきた。ただ，冒頭でも触れたように，民主主義国家同士でも権威主義国家同士でも国によって対応が異なり，その帰結が感染者数や死者数にも反映される。また，異なる政治体制でも似通った対策をとる場合もある。具体的には，近年しばしば議論される，民主主義国家におけるトランプやボルソナロのようなポピュリストリーダーと権威主義リーダーとの共通点である。トランプやボルソナロはCOVID-19を見くびっており，彼ら自身も感染したが，民主主義国家においても対応は様々である[21]。そして，たとえば権威主義国家でも，中国のような強権的対策を一様に迅速にとるわけではないのは，ベラルーシのルカシェンコの例などを見ても容易に分かる。実際，こうしたポピュリスト指導者がCOVID-19対策に与える影響を分析した研究も存在する[22]。

　Cepaluni et al.（2021）は，Cepaluni et al.（2022）を支持する形で，民主主義国家の方が権威主義国家よりも多くの死者を出していると分析しつつ[23]，さらには，V-Demのデータを用いてポピュリズムの度合いを測り，

民主主義国家にポピュリスト的傾向がより見られるが，ポピュリズムの度合いが高い国では，報告される死者数も超過死亡も増えると主張している。加えて，ポピュリストの負の効果は，民主主義国家より権威主義国家において顕著であり，最も権威主義度が高い国家の場合，ポピュリズムの度合いが上がるにつれて，40％も死者が増えると報告されている。これに対して，最も民主主義度が高い国家では，1.7％しか増えないとされている。Kavakli（2020）は，感染拡大の初期段階においてポピュリズムの度合いが高いと，移動制限や，接触追跡，検査などが遅れる傾向があったと指摘している。Bayerlein et al.（2021）も同様に，ポピュリストがリーダーの国では感染症対策が遅れをとり，ポピュリストがリーダーではない国と比較すると，平均して8％ほど超過死亡が高くなると分析している。その他にも，Williams et al.（2020）も，COVID-19を見くびり科学的な知見に逆らうポピュリストが，パンデミックを悪化させる可能性を指摘している。同様に，McKee et al.（2021）も，ポピュリストによるインサイダーとアウトサイダーの分断，既存の制度への不信，科学的な証拠の軽視，エリートへの敵対心といった点が感染に悪影響をもたらす可能性に言及している。

　ポピュリストは，民主主義の中に多様性をもたらす要因の一つであるが，資本主義の多様性（Varieties of Capitalism）がもたらし得る差異も検討の余地がある。資本主義の多様性の議論は，文字どおり，同じ資本主義陣営に属していても，異なるタイプが存在しているという見方であるが，これを政治体制とパラレルに考えた経済的側面だとすれば，民主主義の中にもポピュリズムの強弱があるように，経済面にも多様性があるといえる。こうした側面から資本主義の多様性と過去の感染症の歴史との関係を振り返り，コロナ禍における関係をも考察している研究にShang et al.（2021）がある。

　この研究によると，コロナ禍において，Liberal market economies（LMEs）の国々では，失業率が経済成長に悪影響を与える一方で，Coordinated market economies（CMEs）の国々では，必ずしもこうした

影響が見られないとしている。これに対して，政府投資は，どちらの類型に属する国々においても経済成長を促す影響を与えていると分析している[24]。

6　民主主義は劣っていない

　本論文は，世界中で膨大な犠牲者を出しているCOVID-19と政治体制との関係を様々な側面から分析している研究を紹介してきた。これまで中国を代表とする権威主義国家では，市民の自由を強力に制限することにより感染抑止に成功し，犠牲を最小限にくい止めているという指摘があった。たしかに，中国から報告される死者数は，世界的な水準から考えると極めて少なく推移しており，アメリカやヨーロッパ各国の民主主義国家で報告される死者数よりも遥かに少ないといえる。しかしながら，民主主義国家の中でも台湾やニュージーランドなどが優秀なパフォーマンスを示している一方で，ロシアでは甚大な犠牲者が発生しており，権威主義の大国の中でも著しい差異が存在している。

　このような民主主義国家間もしくは権威主義国家間における大きなばらつきの存在もあるが，本論文では，まずデータの信頼性を考慮に入れた研究を紹介した。こうした研究は，民主主義国家の方が権威主義国家よりも正確にCOVID-19死者数などのデータを報告しており，そのせいで見かけ上，民主主義国家における死者数が権威主義国家よりも著しく多くなっているように見えることを指摘している。さらには，こうしたデータの問題を考慮に入れた超過死亡データを分析した研究は，権威主義国家よりも，むしろ民主主義国家で超過死亡が少なくなる傾向にある点を指摘している。特に問題が指摘されているロシアの事例を見ても，こうしたデータの不正確さが確認された。

　このような現在進行中のCOVID-19を巡る議論を離れて長期的な観点から見ても，民主主義国家においては，様々な感染症による死者数が減少し，乳児死亡も低下することなども指摘されている。総合的に見て，人々の健

康に関連する問題において，民主主義体制が権威主義体制よりも劣っているとは考え難く，むしろ民主主義体制の方が良好な成果を残していると結論付けられる。また，COVID-19とポピュリズムとの関係や，資本主義の多様性との関係を論じた研究も紹介した。

　元々は，COVID-19の世界的な流行自体も，中国の隠蔽体質が問題を悪化させたという指摘があった。我々は，安易に権威主義の誘惑に取り込まれることなく，冷静に先行研究の知見を活かした判断をするべきである。

注

1）　本論文は，2022年度日本比較政治学会（第25回大会）の共通論題「危機と国家」における報告のため準備された。討論者としてコメントを頂戴した加藤淳子（東京大学），近藤康史（名古屋大学）の両氏と司会の稗田健志（大阪公立大学）氏に感謝申し上げる。また，それ以外にもコメントを頂戴した東島雅昌（東京大学），喜多宗則の両氏にも感謝申し上げる。むろん，残る誤りは著者の責任である。

2）　それよりも後に出版された研究も一部含まれるのは，ジャーナルで最終的に出版される前から査読前の論文が公開されていたためである。

3）　成田（2022）は，Narita and Sudo（2021）に基づいて，近年における民主主義のパフォーマンスの悪さをコロナ対策と経済成長の側面から論じている。ここでは，安中（2021）などを参照して権威主義国家のコロナ対策の優位性はデータの問題に由来している可能性を指摘し，権威主義優位の主張を弱めて留意を付けているが，なぜか経済成長に関しては，権威主義国家の経済データの信憑性を疑うMartinez（2022）を参照しつつも民主主義の停滞を強調し続けており，見解が不透明である。

4）　他方で，Karabulut et al.（2021）は，"Case Fatality Rate"（CFR），すなわち，感染者数を分母としたうちの死者数の多さも分析しており，この指標では，民主主義国家の方が低いと指摘している。感染者数の中では，民主主義国家の方が命が助かりやすい可能性を示唆している。

5）　0.1％水準で有意。

6）　自然界に現れる数字の最初の桁が一様ではなく，偏っている傾向を法則化している。

7）　大まかにいうと，各国が過去にどの程度の経済データを公表していたかに基づいて指標が作られている。

8）　さらに 5 年ほど遡ったデータを利用しても結果は大きく変化せず，年ごとの変動は必ずしも多くないため，やや古いデータでも極端に大きな影響はないと思われる。

9）　0.1%水準で有意。

10）　梶谷（2021）が安中（2021）を批判し，民主主義と透明性の不可分性を指摘しているが，Polity2やMPIとTranspanrecy Indexの関係は，相関係数でいえば0.4から0.5程度であり，すべての民主主義国家が権威主義国家よりも透明性が高いわけでは必ずしもない。たとえば，民主主義国家かどうかよりもIMFのプログラムへの参加の方が透明性を説明する可能性も指摘される（Hollyer et al., 2010）。しかし，それゆえに，民主主義と透明性そのものは区別可能であり，民主主義からデータの透明性の要素を取り除くと，データの透明性だけがCOVID-19死者数と関係しており，民主主義とは関係が見られないといえるわけである。

11）　The true death toll of COVID-19 Estimating global excess mortality（https://www.who.int/data/stories/the-true-death-toll-of-covid-19-estimating-global-excess-mortality　最終閲覧日：2022年 5 月29日）。

12）　Tracking covid-19 excess deaths across countries, The Economist（https://www.economist.com/graphic-detail/coronavirus-excess-deaths-tracker　最終閲覧日：2022年 5 月29日）。

13）　ベラルーシの大統領ルカシェンコは，感染初期に明らかに十分な対策をとっていなかった。その後ルカシェンコ自身が感染したのも知られている。さらには，自身が罹患後も，この感染症を見くびり続けていたとも報道されている（"Belarus President dismissed Covid-19 as 'psychosis.' Now he says he caught it", CNN, July 28, 2020（https://edition.cnn.com/2020/07/28/europe/alexander-lukashenko-coronavirus-infection-intl/index.html　最終閲覧日：2022年10月 7 日））。このような指導者の国が適切に強権的な感染対策をとるとは，考え難いだろう。

14）　ただし，その支援は，医療セクターではなく，非医療セクターや流動性の供給といった場合に限られるとしている。

15）　こうした結論に対しては，一般的に研究の成果を蓄積する欧米の研究者が民主主義寄りのバイアスをもっている可能性も考慮に入れる必要があるだろう。データそのものに権威主義国家が自らに都合の良いバイアスを生じさせる可能性があるとともに，観察する研究者の側にも民主主義に都合の良いバイアスを生じさせる可能性も否定できないからである。しかしながら，これまでの知見は経済成長を含む多くの分野で，出版バイアスを含む種々のバイアスを考慮しても民主主義に有利な知見が多く見られるとメタアナリシスを行った研究が報告している（Colagrossi et al.

2020；Gerring et al. 2022）。

16) Worldometer（https://www.worldometers.info/coronavirus/ 最終閲覧日：2022年5月17日）.

17) REUTERS COVID-19 TRACKER（https://graphics.reuters.com/world-coronavirus-tracker-and-maps/ja/countries-and-territories/russia/ 最終閲覧日：2022年5月17日）.

18) 「謎のロシアコロナ死者数 本当は5倍？ 政府内にも3つの説」『東京新聞』，2021年3月10日付（https://www.tokyo-np.co.jp/article/90626 最終閲覧日：2022年5月17日）。

19) この論文は，元々2020年に公開されているが，最後にアップデートされたのが2021年であり，そのためKobak（2021）と出版年の前後関係が逆になっている。

20) すでに安中（2022）で言及している点である。

21) 2020年には一時的にアメリカのPolity2スコアが民主主義と認められるラインとしての6を下回ったため，この時期，アメリカが民主主義から転落したという見方もあり得る。

22) こうしたポピュリストとCOVID-19対策との関係は，2022年度日本比較政治学会（第25回大会）共通論題「危機と国家」における近藤康史氏の指摘に依拠している。

23) 前後関係がややこしいが，本来プレプリントは，Cepaluni et al.（2022）がCepaluni et al.（2021）よりも早く2020年に執筆されているが，Cepaluni et al.（2022）がジャーナルに掲載されたため，前後関係が逆転している。また，Cepaluni et al.（2021）は，Williams（2015）のInformation and accountability transparency indexを考慮に入れた上でも，民主主義国家の死者が多いと主張しており，Annaka（2021）及び安中（2021）とは見解を異にしている。

24) COVID-19に対しては，mRNAワクチンの有効性が指摘されているが，こうしたワクチン開発においても，資本主義の多様性を考慮に入れた議論が見られた。共通論題「危機と国家」における加藤淳子氏によれば，効果的なワクチンの開発が驚異的な速さで進んだのは，アメリカがLMEsに属していた影響があるとしている。この恩恵はアメリカのみにもたらされたわけではなく，民主主義国家の多くの国々にもたらされており，独自のワクチンを開発して効果に疑問をもたれている権威主義国家の中国やロシアとは異なる対応策が可能になったと指摘できるかもしれない。

参考文献

〈英語〉

Adiguzel, F.S., Cansunar, A., and Corekcioglu, G. (2020) "Truth or Dare? Detecting Systematic Manipulation of COVID-19 Statistics," *Journal of Political Institutions and Political Economy*, 1：543-557.

Annaka, S. (2021) "Political regime, data transparency, and COVID-19 death cases," *SSM - Population Health*, 15：100832.

Annaka, S. (2022) "Good democratic governance can combat COVID-19 - excess mortality analysis," *International Journal of Disaster Risk Reduction*, 83：103437.

Annaka, S. and Higashijima, M. (2021) "Political liberalization and human development：Dynamic effects of political regime change on infant mortality across three centuries (1800-2015)," *World Development*, 147：10561.

Badman, R. P., Wu, Y., Inukai, K., and Akaishi, R. (2021) "Blessing or Curse of Democracy?：Current Evidence from the Covid-19Pandemic," arXiv：2105.10865.

Bayerlein, M., Boese, V. A., Gates, S., Kamin, K., and Murshed, S. M. (2021) "Populism and COVID-19：How Populist Governments (Mis) Handle the Pandemic," *Journal of Political Institutions and Political Economy*, 2：389-428.

Beaney, T., Clarke, J. M., Jain, V., Golestaneh, A. K., Lyons, G., Salman, D., and Majeed, A. (2020) "Excess mortality：the gold standard in measuring the impact of COVID-19 worldwide?" *Journal of the Royal Society of Medicine*, 113 (9)：329-334.

Cassan, G., and Van Steenvoort, M. (2021) "Political regime and COVID 19 death rate：Efficient, biasing or simply different autocracies? An econometric analysis," *SSM-Population Health*, 100912.

Cepaluni, G., Dorsch, M. T., and Dzebo, S. (2021) "Populism, Political Regimes, and COVID-19 Deaths," Available at SSRN.

Cepaluni, G., Dorsch, M.T., and Branyiczki, R. (2022) "Political regimes and deaths in the early stages of the COVID-19 pandemic," *Journal of Public Finance and Public Choice*, 37(1)：27-53.

Cheibub, J. A., Hong, J. Y. J., and Przeworski, A. (2020) "Rights and Deaths：Government Reactions to the Pandemic," Available at SSRN.

Colagrossi, A., Rossignolia, D., and Maggionia, M. A. (2020) "Does democracy cause growth? A meta-analysis (of 2000 regressions)," *European Journal of Political Economy*, 61：101824.

Coppedge, M., Gerring, J., Knutsen, C.H., Lindberg, S.I., Teorell, J., Altman, D., Bernhard, M., Fish, M.S., Glynn, A., Hicken, A., Luhrmann, A., Marquardt, K. L., McMann, K., Paxton, P., Pemstein, D., Seim, B., Sigman, R., Skaaning, S., Staton, J., Wilson, S., Cornell, A., Alizada, N., Gastaldi, L., Gjerløw, H., Hindle, G., Ilchenko, N., Maxwell, L., Mechkova, V., Medzihorsky, J., Römer, J., Sundström, A., Tzelgov, E., Wang, Y., Wig, T., and Ziblatt, D. (2020) V-Dem [Country-Year/Country-Date] Dataset v10. Varieties of Democracy (V-Dem) Project. Available online：https://doi.org/10.23696/vdemds20（最終閲覧日：2021年9月14日）.

Frey, C.B., Chen C., and Presidente, G. (2020) "Democracy, Culture, and Contagion：Political Regimes and Countries Responsiveness to Covid-19," *Covid Economics*, 18：222-238.

Gerring, J., Knutsen, C. H., Maguire, M., Skaaning, S-E, Teorell, J., and Coppedge, M. (2021) "Democracy and human development：issues of conceptualization and measurement," *Democratization*, 28(2)：308-332.

Gerring, J., Knutsen, C. H., and Bergem J. (2022) "Does Democracy Matter?" *Annual Review of Political Science*, 25(1)：357-375.

Gür, N., Hanedar, E. Y., and Hanedar, A. Ö. (2022) "Democracy and fiscal support during the COVID-19 pandemic：an empirical investigation," *Applied Economics Letters*, DOI：10.1080/13504851.2022.2120950.

Hollyer, J. R., Rosendorff, B. P., and Vreeland, J. R. (2010) "Democracy and Transparency," *The Journal of Politics*, 73(4)：1191-1205.

Hollyer, J. R., Rosendorff, B. P., and Vreeland, J. R. (2014) "Measuring Transparency," *Political Analysis*, 22(1)：413-434.

Jain, V., Clarke, J., and Beaney, T. A. (2022) "Association between democratic governance and excess mortality during the COVID-19 pandemic：an observational study," *Journal of Epidemiology and Community Health*, Published Online First：29 June 2022.

Kapoor, M., Malani, A., Ravi, S., and Agrawal, A. (2020) "Authoritarian Governments Appear to Manipulate COVID Data," arXiv：2007.09566.

Karabulut, G., Zimmermann, K.F., Bilgin, M.H., and Doker, A.C. (2021)

"Democracy and COVID-19 outcomes," *Economics Letters*, 203 : 109840.

Karlinsky, A., and Kobak, D. (2021) "Tracking excess mortality across countries during the COVID-19 pandemic with the World Mortality Dataset," *ELife*, 10 : e69336.

Kavakli, K. C. (2020) "Did populist leaders respond to the COVID-19 pandemic more slowly? Evidence from a global sample," Tech. rep. working paper.

Knutsen, C. H., and Kolvani, P. (2022) "Fighting the Disease or Manipulating the Data? Democracy, State Capacity, and the COVID-19 Pandemic," V-Dem Working Paper 127, 2022.

Kobak, D. (2021) "Excess mortality reveals Covid's true toll in Russia," *Significance*, 18 : 16-19.

Kofanov, D., Kozlov, V., Libman, A., and Zakharov, N. (2022) "Encouraged to Cheat? Federal Incentives and Career Concerns at the Sub-national Level as Determinants of Under-Reporting of COVID-19 Mortality in Russia," *British Journal of Political Science*, 1-26. DOI : 10.1017/S0007123422000527.

Liang, L. L., Kuo, H. S., Ho, H. J., and Wu, C. Y. (2021) "COVID-19 vaccinations are associated with reduced fatality rates : Evidence from cross-county quasi-experiments," *Journal of Global Health*, 11 : 05019.

Martinez, L. R. (2022) "How Much Should We Trust the Dictator's GDP Growth Estimates?" *Journal of Political Economy*, 130(10) : 2731-2769.

Marshall, M. G., Jaggers, K., and Gurr, T. R. (2020) Polity V Project, political regime characteristics and transitions, 1800-2018. Center for Systemic Peace. http://www.systemicpeace.org/inscrdata.html（最終閲覧日：2022年5月17日）.

McKee, M., Gugushvili, A., Koltai, J., and Stuckler, D. (2021) "Are Populist Leaders Creating the Conditions for the Spread of COVID-19? : Comment on "A Scoping Review of Populist Radical Right Parties' Influence on Welfare Policy and its Implications for Population Health in Europe," *International Journal of Health Policy and Management*, 10(8), 511-515. doi : 10.34172/ijhpm.2020.124.

McMann, K. M., and Tisch, D. (2021) "Democratic Regimes and Epidemic Deaths," Working Paper SERIES 2021 : 126 The Vaireties of Democracy Institute.

Narita, Y. and Sudo, A. (2021) "Curse of Democracy : Evidence from 2020," Cowles Foundation Discussion Papers, 2612.

Neumayer, E. and Plümper, T. (2022) "Does 'Data Fudging' Explain the Autocratic

Advantage? Evidence from the Gap between Official COVID-19 Mortality and Excess Mortality," *SSM - Population Health*, 19：101247.

Sanmarchi F., Golinelli D., Lenzi J., et al. (2021) "Exploring the Gap Between Excess Mortality and COVID-19 Deaths in 67 Countries," *JAMA Netw Open*, 2021：4 (7)：e2117359. doi：10.1001/jamanetworkopen.2021.17359

Shang, Y., Li, H., and Zhang, R. (2021) "Effects of Pandemic Outbreak on Economies：Evidence From Business History Context," *Frontiers in Public Health*, 9：632043. doi：10.3389/fpubh.2021.632043.

WHO (2021) The true death toll of COVID-19 Estimating global excess mortality. Available at：https://www.who.int/data/stories/the-true-death-toll-of-covid-19-estimating-global-excess-mortality（最終閲覧日：2022年5月17日）.

Williams, A. (2015) "A Global Index of Information Transparency and Accountability," *Journal of Comparative Economics*, 43(3)：804-824.

Williams, C. R., Kestenbaum, J. G., and Meier, B. M. (2020) "Populist Nationalism Threatens Health and Human Rights in the COVID-19Response," *American Journal of Public Health*, 110：1766-1768.

Worldometer COVID-19 data (2020). Available at：https://www.worldometers.info/coronavirus/about/（最終閲覧日：2022年5月17日）.

〈日本語〉

安中進（2021）「民主主義は権威主義に劣るのか？──コロナ禍における政治体制の実証分析」『中央公論』9月号，74-81頁。

安中進（2022）「政治体制は豊かさや健康にどのような影響を及ぼすのか」『経済セミナー』2022年10・11月号，29-34頁。

梶谷懐（2021）「政治制度と『文化』──新型コロナウィルスへの対応をめぐって」『群像』第76巻，第11号，202-209頁。

成田悠輔（2022）『22世紀の民主主義──選挙はアルゴリズムになり，政治家はネコになる』SB新書。

（あんなか・すすむ：弘前大学）

2

民主主義国のロックダウンの比較分析
——ニュージーランド，イギリス，日本——

小松志朗［山梨大学］

1 国家が個人を閉じ込めるとき

　新型コロナウイルスのパンデミックは，世界中の国々にとって同時かつ同一の危機だった。特に2020年前半は，国境を越えて広がる未知のウイルスが人々の命と健康を脅かす事態に，すべての国家が危機対応を迫られた。ところが各国の新型コロナ対策は多種多様で，効果が不確かなものもあった。ここから次のような疑問が生まれる。なぜ同時・同一の危機に直面しながら，国家により対応が異なるのか。

　この点に関してロックダウンは注目に値する。大都市または国全体を丸ごと封鎖するという究極の強い措置は，検査や隔離など一般的な感染症対策とは違い，もともと世界保健機関（WHO）や専門家が推奨する代物ではなかった。しかし2020年に意外なほど多くの国々がロックダウンを始め，あっという間に世界中に広がった[1]。一方で，その流行に乗らなかった国家も少なくない。

　この違いは特に民主主義国にとって重要な意味をもつ。ロックダウンとは，国家が強制的に人々を家に閉じ込めるものであり，個人の自由を極度に制限する。したがって一般論としては，民主主義国にとって政治的・法的なハードルは高いように思われるが，現実には多くの民主主義国がそれを実施した。実施した民主主義国は，しなかった国家と何が違うのか。

　以上の問題意識に基づき，本稿は次の問いを立てて議論を進める。新型

コロナに対して，民主主義国の間でロックダウンをめぐる政策決定に違い
が生じたのはなぜか。ニュージーランド（以下，NZ），イギリス，日本の
3カ国を事例に比較分析を行い，その理由を明らかにしたい。

2　分析枠組み

　各国の新型コロナ対策の多様性は，政治学や隣接分野で関心を集めてき
た。たとえば，民主主義国と権威主義国のどちらが優れた新型コロナ対策
を実施できるのかという問題が，論争の的となった（Annaka 2021；
Cepaluni et al. 2022；Frey et al. 2020）。リンゲとヘノの共編著は，世界
中のポピュリズム政治家・政党が新型コロナにどう対応・反応したのかを
国ごとに分析し，現代政治の重要な側面を描き出している（Ringe and
Rennó 2023）。各国の新型コロナ対策をいくつかのカテゴリーに分類して，
それぞれの特徴や傾向を明らかにしたゴイヤルとハウレットの研究は，対
策の多様性を体系的に把握するのに役立つ（Goyal and Howlett 2021）。
地域レベルの比較研究もあり，ゴンサレス＝ブスタマンテはラテンアメリ
カの8カ国を比較し，経済的に豊かな国家は新型コロナに対して動きが遅
かったと主張する（González-Bustamante 2021）。
　こうした研究動向のなかで，ロックダウンに特化した研究はまだ手薄な
ようであり，それゆえパンデミックの危機対応の現状と課題はまだ分から
ない部分が多い。民主主義国と権威主義国の優劣は今日的なテーマとして
重要だが，個人の自由を極度に制限するロックダウンを権威主義国だけで
なく民主主義国も採用した事実に着目すれば，政治体制の優劣とは違う角
度から，危機対応の新たな側面に迫れるのではないか。リンゲとヘノの共
編著はポピュリズムの問題を軸に多くの国々の事例を詳しく描くものの，
比較の枠組みが緩やかなものであるため事例ごとに分析の焦点や力点が異
なり，全体の議論が体系性を欠いている。ゴイヤルとハウレット，および
ゴンサレス＝ブスタマンテの各論文は，比較の枠組みは明確だが，各事例

の詳細に踏み込んでいない。これに対して本稿はロックダウンに焦点を絞り，明確な枠組みを用いて少数事例の質的な比較分析を行うことで，先行研究ではみえてこない危機対応の本質を明らかにしたい。

　ロックダウンに特化した貴重な先行研究として，ヤーンの比較研究がある（Jahn 2022）。これは35の先進民主主義諸国を対象にマクロな統計分析による比較を行ったもので，左派のイデオロギーがロックダウンの政策決定を促したと論じる。左派政権は，社会のなかで相対的に感染リスクが高い労働者や非特権階層の保護を重視する，また社会への介入や規制の強化に積極的であるといった理由から，経済や個人の自由への悪影響を懸念する右派政権よりロックダウンをする傾向が強いと考えられるという。たしかに政権のイデオロギーという要因は，本稿が取り上げるNZ（左派の労働党政権），イギリス（右派の保守党政権），日本（右派の自公政権）の3カ国の違い（後述）をある程度説明できるように思われる。しかし，不確実性の大きい特殊な状況下でのロックダウンをめぐる政策決定は，それだけでは説明がつかない部分を含むように思われる。まず，政府の感染症対策に科学的根拠を与える専門家の役割が見逃せない。当然，2020年に政府がロックダウンの是非や可否を判断した際に，専門家が一定の影響を与えたことが推測される。また民主主義国であれば，ロックダウンのような例外手段が実行可能かどうかは，政府にそれを許す法体系の有無によるところが大きいはずである。これらの要素を分析の射程に入れなければ，民主主義国のロックダウンの政策決定を正しく理解することはできないだろう。

　以上の先行研究の整理に基づき，本稿は「アクターの選好」と「感染症対策の制度」に焦点を合わせて3カ国の比較分析を行う。ここでのアクターとは政府と専門家を指し，両者がロックダウンに肯定的だったのか否定的だったのかを選好の問題として扱う（これは上記のイデオロギーの要素を包含する）。制度の方は，さらに細かく「例外手段を可能にする法体系」と「政府と専門家の連携体制」に分けて考える。2020年前半に新型コロナの国際的な流行が始まった時点で，ロックダウンのような例外手段を

可能にする法体系があったのか。科学的根拠に基づく政策決定を支える，政府と専門家の連携体制が整っていたのか。

　比較分析の対象事例は，以下3つの理由からNZ，イギリス，日本を選んだ。第一に，この3カ国は執政制度が議院内閣制であり，経済レベルがほぼ同じ（2020年の1人あたりのGDPはいずれも4万ドル前後），地理的には島国であるという基礎条件が共通するため，ロックダウンに関わる具体的な要素に焦点を絞って比較をすることができる。第二に，ロックダウンをめぐる政策決定の違いが明白である。まずNZと日本を比べると，前者が異例の早さでロックダウンを始めた一方，後者はそれをしなかった。イギリスはその中間に位置しており，日本とは違いロックダウンを実施したものの，NZに比べるとその決定には時間がかかった。ロックダウンの決定が早かったNZ，遅かったイギリス，なされなかった日本というように，明白な違いを観察できる3事例が揃う形である。第三に，3カ国の保健体制のレベルをみると，その違いが一層興味深いものとなる。ジョンズホプキンズ大学などの研究グループが，世界各国の保健体制のレベルを6つのカテゴリーに分けて評価したGlobal Health Security Index（GHS Index）という指標がある（NTI and JHC 2019）。2019年のGHS Indexにおいて，「エピデミックの拡大に対する迅速な対応と緩和」という項目のスコア（最高は100）をみると，イギリスは世界トップの91.9，NZは58.1で21位である。この数字から単純に考えれば，NZよりイギリスの方が早くロックダウンに踏み切ってもよかったはずである。そうならなかったのはなぜか。また，日本のスコアは53.6で31位と，NZと大差ない。それなのになぜ日本とNZの対応は真逆だったのか。比較分析を通じて考えてみたい。

3　想定外の対策

（1）　ロックダウンとは何か

　そもそもロックダウンとは何か。実のところ，明確な定義が確立しているわけではない。WHOのホームページには，「しばしば『ロックダウン』と称される，大規模なフィジカル・ディスタンシング〔ソーシャル・ディスタンス〕の措置と移動制限は，人と人の接触を制限することにより新型コロナウイルスの伝播を遅らせることができる」との説明がある（WHO 2020）。日本の新型コロナウイルス感染症対策専門家会議（以下，専門家会議）が2020年3月中旬に公表した文書には，「数週間の間，都市を封鎖したり，強制的な外出禁止の措置や生活必需品以外の店舗閉鎖などを行う，いわゆる『ロックダウン』と呼ばれる強硬な措置」とある（専門家会議 2020：8）。学術論文では，「政府が人々の移動を制限し，家にこもるよう命令することで，人と人の日常的な接触をすべて止めないまでも，制限する（Onyeaka et al. 2021：4）」こと，「自宅待機の命令とすべての不要不急の生産活動の休止（Guzzetta et al. 2021：267）」といった説明がされてきた。これらを踏まえて，本稿ではロックダウンを，「ウイルスの伝播を抑えるために，政府が広範囲の人々に対して強制的に外出，移動，集会，営業などを著しく制限または禁止する措置」と定義する。

　上記の引用における「しばしば〜と称される」とか「いわゆる〜と呼ばれる」といった言い回しが示唆するように，ロックダウンは従来の感染症対策のパラダイムには収まらない部分がある。たしかに，感染症対策として一定の区域を封鎖する発想は昔からあり，実例も存在するが[2]，新型コロナの流行以前にそれが感染症対策の主要なオプションだったとは言い難い。2020年5月のランセット誌のある記事は，NZのロックダウンについて「通常のパンデミック対策から大幅にかけ離れたアプローチ」と評した（Cousins 2020：1474）。国立国際医療研究センターの国際感染症センター

長で，東京都の新型コロナウイルス感染症医療アドバイザーを務める大曲も，日本や欧米の専門家にとって中国が行ったロックダウンは想定外だったと述べる[3]。実際，次節の事例分析で確認するように，NZ，イギリス，日本の感染症対策はロックダウンを具体的に見据えた制度設計にはなっていなかった。それは想定外の対策だったのである。

（2）　武漢ロックダウンの衝撃

「想定外」を覆したのは中国である。2019年12月末に世界で初めて新型コロナの感染者が確認され，年をまたいで感染が急拡大した武漢市において，当局が2020年1月23日に突如として市全体のロックダウンを断行した。人口が1,000万人を超える大都市をいきなり丸ごと封鎖するという劇的な対策は，世界に衝撃を与えた。

　そして興味深いことに，西洋の民主主義諸国も続々と同じことを始めた。先陣を切ったのはイタリアであり（3月9日からロックダウン），その後にスペイン（3月14日），オランダ（3月15日），フランス（3月17日）などが続いた。いわばロックダウンの波が，中国から世界に広がったのである。

　果たしてこれは，他の国々が中国の手法を模倣したということなのか。世界的に著名なイギリスの疫学者ファーガソンは2020年後半にこう語った。

　私は〔2020年〕1月から3月の間に，〔感染症〕対策に関して何が可能かということについて人々の認識がかなり劇的に変わったと思います。

　あれ〔ロックダウン〕は共産党の一党支配の国家のことだからと，私たちは話していました。ヨーロッパであんなことをするのは無理だと思いましたが……その後イタリアがやりました。それで私たちもできるのだと分かったのです。

もし中国がロックダウンをしなかったら……この年はずいぶん違う展開になっていたでしょう（Sayers 2020）。

また，NZの保健省の専門家グループに参加したベイカーも，自国の「排除戦略（いわゆるゼロコロナ政策）」を説明する共著論文（2020年4月）のなかで，「排除への道のりにおいて，封じ込めが機能することの最も強力なエビデンスが，巨大なパンデミックを押し戻した中国から届いている」と書いた（Baker et al. 2020：11）。

こうした専門家の見解と，もともとロックダウンがスタンダードな感染症対策ではなかった事実を合わせて考えれば，2020年に中国が新しい対策オプションを提示し，他の国々がそれを模倣あるいは採用したといえそうである。武漢ロックダウンの衝撃が世界の感染症対策の考え方を揺るがしたのである。

実際に各国がどの程度，どのように中国の手法を意識し，模倣したのか。また，欧州で先陣を切ったイタリアの動きは，その後の展開にどのような影響を与えたのか。このような実証的に解明すべき問題はいくつかあるが，紙幅に限りがあるためそれらの検討は別稿に譲りたい。ここで注目すべきは，民主主義国がロックダウンをするか否かという問題が，民主主義国が権威主義国の危機対応策を模倣するか否かという問題と重なる点である。したがって，本稿の議論は比較政治学にとって重要な含意を伴うだろう。

一方，客観的，科学的にみて，ロックダウンが今後のスタンダードになるのかどうかは分からない。WHOは，先に定義の問題に関して引用した箇所から分かるように，ロックダウンが感染拡大を抑えることは認めている。しかしそのすぐ後に，社会経済的な悪影響の大きさを指摘したうえで，「一部の国家は，時間を稼ぐために自宅待機の命令などの措置をとるしか方法がなかった」と，控えめな評価をするにとどまっている（WHO 2020）。要するに，WHOはロックダウンを否定しないが，効果的な対策として推奨するわけでもない（IPPPR 2021：31）。これに対して，専門家

の間ではロックダウンの評判は悪くない。2022年9月のネイチャー誌の記事によれば，一時はロックダウンの効果を否定する論文が目立ったものの，いまでは肯定的な評価が専門家の間で主流だという（Lewis 2022：236-237）。

　今後の見通しはともかく，現時点で確かなのは，武漢ロックダウンの衝撃によりロックダウンが想定外の対策ではなくなったことである。だが，それが個人の自由を極度に制限するものである以上，民主主義国にとってその可否や是非の判断は難しい政治課題となる。では，NZ，イギリス，日本は2020年にどう動いたのか。

4　比較分析

　本節ではNZ，イギリス，日本の3カ国を事例に，2020年前半のロックダウンをめぐる政策決定について，先に示した枠組みに沿って質的な比較分析を行う。NZはロックダウンの決定が早かった一方，イギリスは遅く，日本はそれを行わなかった。この違いが生じた理由を明らかにしたい。NZとイギリスはロックダウンを複数回行ってきたが，分析対象はどちらも1回目に限定する。なお，登場人物の肩書きはすべて当時のものである。

（1）　ニュージーランド

　NZの1回目のロックダウンが始まったのは，2020年3月25日である。それに先立ち，政府は21日に新型コロナ対策の枠組みとして4段階のアラートシステムを導入し，レベル2を宣言していた。そして23日にアラートをレベル3に引き上げ，25日に緊急事態宣言を発出するとともに最も深刻なレベル4を宣言し，ロックダウンに踏み切った。前月の28日に同国で国内初の感染者が確認されてから約1カ月経っていたが，ロックダウン開始時点の累積感染者数はまだ200人ほどで，死者数はゼロだった。アーダーン首相自身が語ったように，「世界のなかで，死者も出てなければ感

染者も極めて少ない段階で，このような措置を始めた国は他にない（Evening Report 2020)」。このロックダウンは延長を経て最終的には4月27日まで続いた。

アーダーン首相は当初から，社会経済活動の維持よりも新型コロナ対策を優先する姿勢を固めており，保健省や専門家のアドバイスをもとにウイルスを徹底的に排除する方針を決めて，それを貫いた（Jamieson 2020：598-599)。首相自身はその方針を「厳しく，早く動く（go hard, and go early)」と表現した。彼女が新型コロナ対策には専門家の知見が重要であることを認識しており，専門家の助言に従って政策決定を行ったことは高く評価されてきた（Mazey and Richardson 2020：562)。ロックダウンのような強い措置を早く講じることについて，政府と専門家の間で選好が一致していたのである。

こうした選好の形成を促した主な要因の一つに，国外の感染状況があった。当時，NZよりも先に深刻な感染拡大に見舞われた国家は多く，政府は特にイタリアの深刻な事態をみて危機感を強めた。そして「何らかの大胆な国内対策が必要である」と考えるようになり，当時のデータと専門的知見から「もし大惨事を避けようとするなら，真に厳格なロックダウンが唯一の実行可能なオプションである」と判断するに至ったのである（Ibid.：563)。

とはいえ，もともとNZの感染症対策がロックダウンを想定した制度設計になっていたわけではない。同国の新型コロナ対策は，2017年にインフルエンザのパンデミックを念頭に作られた行動計画（New Zealand Influenza Pandemic Plan: A Framework for Action：以下，NZIPPまたはNZインフル行動計画）に基づくものだった。同計画には「封じ込め措置」というセクションがあり，そのなかで「移動制限」に関して次のように書かれていた。

　各地域が人の出入りを厳格に制限することでウイルスの流入を遅らせる

ことができるかどうかは，地域の地理的位置や関連するロジスティック
ス次第である。特定の地域への移動を長期にわたり止めることは，人々
の接触を継続することの社会的・経済的必要性からして難しいかもしれ
ない。必要不可欠な物資・サービスは，常に国内の境界線をまたぐ必要
がある。

NZ国内での移動を制限する試みは，地理的に限定された地域……に限
れば実行可能かもしれない。しかし，そうした地域でさえも，そのよう
な措置が検討されそうなのは，例外的な状況（たとえば，感染したとき
の発症率が非常に高い場合）だけである（NZIPP：124）。

　ここに書かれているのは，ごく限られた範囲の地域に限って人の出入り
を制限することであり，それすら実現可能性が低く見積もられている。ま
た，営業停止やリモートワークの強制などロックダウンを構成する他の措
置については言及がない。「封じ込め措置」のセクションの他の項目をみ
ても，学校の休校はあるものの，他は国境管理やクラスター対策，ソー
シャル・ディスタンスなどであり，先述のロックダウンの定義を満たす内
容とはいえない。
　それでもNZが2020年３月にロックダウンを実施できたのは，関連する
制度が整っていたからである。まず例外手段を可能にする法体系として，
保健法（Health Act 1956），民間防衛緊急事態管理法（Civil Defence
Emergency Management Act 2002：以下，防衛管理法），エピデミック
対策法（Epidemic Preparedness Act 2006）の３つがあった。憲法学者
の大林によれば，先述のアラートシステムは，これら３つの法律とその他
の諸々の命令などを根拠に，国内の感染状況を４つのレベルに区分してレ
ベルごとの対策を定めたものである（大林 2021：128）。一番上のレベル
４になると原則自宅待機が求められ，集会は禁止，学校も閉鎖される。つ
まりロックダウンである。

　前出のNZインフル行動計画をみても，たしかに感染症対策として強制的な措置があり得ること，そのためには法的な裏付けが必要であることが明記されていた。「この計画において個人との関連で記載されている，強制的な措置（すなわち，個人の意志に反してでも実施される行動）の可能性を含む全ての行動は，法令によって認められなければならない（NZIPP：109）」。そして強制的な措置の具体例として，「ある地域を出入りする人々の移動の制限」「人々の往来の制限」「職場やその他の公的な場所に行かないこと，あるいは特定の条件下でのみ行くことの要請」を，また政府の権限を定めた主な法律として上記の３法を挙げている（Ibid.）。つまり，ロックダウンの具体的な構想はなかったにせよ，政府が人々の移動や行動を強制的に止めることを可能にする法整備はなされていたのである。

　そうした政府の権限を発動するきっかけとなるのが，緊急事態宣言とエピデミック通報（epidemic notice）であり，どちらも2020年３月25日に出されている[4]。緊急事態宣言は防衛管理法に基づくものであり，これは感染症に限らずあらゆる類の緊急事態を想定したものである。それが宣言されている間は，政府が普通なら非合理的で，非民主的とすらみなされるような例外的な権限をもつとされる（Hayward 2020：7）。エピデミック通報はエピデミック対策法に基づくものであり，首相が「新型コロナのアウトブレイクの影響が，NZの必要不可欠な政府・企業の活動を大幅に妨げる恐れがある，または妨げ続けると確信している」ことを宣言した（Epidemic Preparedness（COVID-19）Notice 2020）。

　防衛管理法については，予防原則を採用した点が注目に値する。同法７条は，「予防的アプローチ」と題して，「たとえリスクが科学的および技術的に不確実な場合でもそのリスクに対応できるように警戒する必要がある」と規定しており，「そのため，緊急事態宣言も手遅れにならないように発令することが求められる」（大林 2021：127）。大林はこの点を高く評価する。「緊急事態対応の法制度の中に予防原則が埋め込んであったから

こそ，迅速かつ厳格な感染症対策にまい進できたと考えられる（同上：129）」。

　ロックダウンの決定を支えたもう一つの制度が，政府と専門家の連携体制である。これに関してまず注目したいのが，エピデミック通報を発出するためには，保健省事務総長（Director General of Health）の勧告が必要とされる点である（エピデミック対策法5条）。一般的にこの事務総長は政治家ではなく専門家が就くポストであることから（大林 2021：127），エピデミック通報は制度上，専門家による科学的な裏付けが保証される形となる。加えて，この点に限らずNZの新型コロナ対策全般に関して，アーダーン首相とブルームフィールド保健省事務総長の連携が際立っていた。「アーダーンは，グローバルなパンデミックでは有効な政策形成のために専門家の知識が重要になると認識していた。……ニュージーランドにおいて，新型コロナ危機の対応は大部分が，適切な能力を有する専門家……が動かしていた。アーダーンとブルームフィールドは危機の間ずっと足並みがしっかり揃っていたし，与党の方針にも従っていた（Mazey and Richardson 2020：562）」。さらにいうと，首席科学顧問も首相を支える役割を果たし，11人の専門家のグループが保健大臣に助言を行う体制も整っていた（Jamieson 2020：598-599）。NZでは，科学的根拠に基づく政策決定を支えるものとして政府と専門家の連携体制が整備され，機能していたのである。ロックダウンの迅速な決定はその象徴に他ならない。

（2）　イギリス

　イギリスが1回目のロックダウンを始めたのは，2020年3月23日である。国内初の感染者が確認されたのは約2カ月前の1月31日で，ロックダウンが始まる頃には累計10,000人を超えていた。NZが国内初の感染者の確認から1カ月後に，感染者数がまだ200人ほどの段階で早々にロックダウンを始めたことを考えれば，両国の政策決定のスピードの差は歴然としている。

　ジョンソン首相率いる政府は2020年3月中旬まで，ロックダウンのような強い措置を実施せず，穏健な対策で乗り切る構えだった（奈須 2021：160）。彼がそのような方針を採用した理由としては，リバタリアン的な性格からもともと福祉国家の過剰な介入を批判してきたことや，彼自身の怠惰なライフスタイル，そして彼の保守党が個人の自由を重視する立場にあることが指摘されてきた（Landler and Castle 2020）。当時，イギリスの元外務事務次官フレイザーがこう述べている。「フランスでマクロンがしたように，極めて強硬なタイプの措置を強制することは，この国では，特に保守党の自由主義者にとっては文化的に全くなじみがないものである（Ibid.）」。

　イギリスの専門家も当初はロックダウンに否定的だった。同国の新型コロナ対策に関して政府に科学的助言を行う専門家の組織として，非常時科学諮問委員会（Scientific Advisory Group for Emergencies：以下，SAGE）がある。同国下院の保健福祉委員会と科学技術委員会が政府の対策を批判的に検証してまとめた報告書（以下，下院報告書）によれば，2020年の流行初期にSAGEはロックダウンを含む強い措置に消極的であり，感染を封じ込めるよりも，感染拡大のスピードを遅らせてピークを和らげることを重視して，漸進的な対策が望ましいと考えていた（HC Committees 2021：32-37）。

　このような政府と専門家の一致した選好が，イギリスの当初の対策を形作っていた。下院報告書は次のように指摘する。

　イギリスの最初の政策は非薬学的介入〔隔離や移動制限など，ワクチン・薬を用いない感染症対策〕に関して，段階的・漸進的なアプローチを採用するものだった。……このゆっくりとした漸進主義的アプローチは不注意によるものではなかったし，緩慢な役所仕事や大臣とアドバイザーの意見の不一致を反映したわけでもない。それは熟慮のうえでの政策だった——公式の科学アドバイザーが提案し，イギリスのすべての地

域の政府が採用したものである（Ibid.：32）。

　新型コロナパンデミックの最初の3カ月間，イギリスは非薬学的介入の
実施に関して間違った政策にこだわった。……その政策が3月23日まで
続いたのは，政府が受け取った公式の科学的アドバイスがあったからで
あり，アドバイスがあったにもかかわらず，ということではなかった。
……この間，政府の政策が，政府に対する科学的助言から逸脱すること
はあらゆる重要な側面においてなかった（Ibid.：57）。

　ところが3月中旬から下旬にかけて，国内の感染状況が急速に悪化する
なかで，その選好が揺らぎ始めた。政府中枢のなかで「イギリスの歩んで
いる道が間違っていて，おそらくは破滅的に間違っている」「われわれは
1940年以来最大の災害に向かって突き進んでいる」という危機意識が強ま
り，対策の全面的な見直しを首相に求める流れが生まれたのである
（Ibid.：37-38）」。3月14日，官邸スタッフが首相に対して，「あなたは
ロックダウンをせざるを得なくなりますが，しかしロックダウンのプラン
は存在しません。……我々でそれを考えて，やり遂げなければなりません
（Ibid.：38）」と迫った。同じ頃，SAGEも感染者数の増加ペースが当初の
想定を遥かに上回る状況を見て方針を転換し，政府に事実上のロックダウ
ンを提言した（Ibid.：38-39）。ここに来てようやく，専門家の助言に基づ
くロックダウンの決定が可能になったのである。
　この経緯を少し細かくみると，専門家に先んじて政策決定者が当初の漸
進主義的対策に違和感を覚えるようになったが，専門家の一致した見解を
前にそれを言い出せない状況がしばらく続いたようである。つまりアク
ターの間で選好が揺らいだのに加えて，齟齬も生じていた。下院報告書に
はこう書かれている。「我々の調査において複数の証言者〔政府の人間〕
が，パンデミックの初期の数週間を振り返って，自分達がもらった
〔SAGEの〕助言に対して疑問と異論を十分出さなかったことを悔やんで

いた（Ibid.：41）」。たとえば，首相の上級顧問のカミングスは自国の対策の何もかもが間違っていると思いながら，自分の考えを公にする決心がつかなかった当時の心境を吐露している。「しかし私は……自分が巨大な緊急事態を一手に引き受けるようなことをして，『公式のプランは間違っている，あれでは全員を殺してしまう，だから方向転換をしなければならない』と言った場合の結果を考えると，ものすごく怖かったのです。だって，もし私が間違っていたら？（Ibid.）」ハンコック保健相も2020年1月下旬の段階で，無症状者が感染を広げている可能性をSAGEが否定していたのに対して（もしそうなら，従来の対策では限界があるという話になる），それが現実に起きていることだと直感的に思っていたが，エビデンスがない状況で専門家の一致した見解に異論を唱えるのは難しかったと振り返る（Ibid.）。

このように，イギリスの事例はNZや後述の日本とは違って，アクターの選好が途中で揺らぎ，離齬が生じた点に一つの特徴がある。制度の方はどうか。上記の引用にある「ロックダウンのプランは存在しません」との言葉が示唆するのは，イギリスの感染症対策がロックダウンを想定した制度設計になっていなかったことである。同国の新型コロナ対策は，インフルエンザのパンデミックに備えて2011年に作成されたインフルエンザ事前対策戦略（UK Influenza Preparedness Strategy 2011：以下，UKIPS）がベースになっている。その中身をみると，移動制限や営業停止に対する慎重な考えがはっきり表れている。たとえば，通常の対策とは違う特別な措置を政府が実施する可能性について，次のように書かれている。

　パンデミックの最中に，政府は新たに出てくる科学的エビデンス・データに応じて，特別な措置の採用について最終決断を下したり，アドバイスを発出したりする必要があるだろう。……公共イベントの制限のような追加の制限措置は，人々の健康を守るために絶対に必要でない限り，人々に対して実施されることはなく，実施されるにしても適切な期間に

限定される（UKIPS：34）。

　より具体的に，大規模な集会・イベントの制限については，それが感染拡大の抑制に寄与することのエビデンスは極めて限られているとしたうえで，社会経済的な弊害が大きいことや，集会・イベントの開催が「日常」を表し，人々の気持ちの支えになることを主張する（Ibid.：39）。国内の移動制限に関してもこう述べる。「国内の移動制限が〔ウイルスの〕伝播に与える影響に関しても科学的エビデンスは欠けているうえ，そのような制限を実施しようとする取り組みはビジネスと福祉に広範な影響を与えるだろう（Ibid.）」。ロックダウンの具体的な構想はここに全く見当たらない。

　しかし2020年にロックダウンが決行された。どのような法体系がそれを可能にしたのか。奈須によれば，イギリスのロックダウンは，公衆衛生（疾病管理）法（Public Health（Control of Disease）Act 1984）に基づく規　則（Health　Protection（Coronavirus,　Restrictions）（England）Regulations 2020）により行われた（奈須 2021：160-163）。ただし，イギリスには非常事態を想定した法律として民間緊急事態法（Civil Contingencies Act 2004）があり，同法の規定内容からすればこちらを新型コロナに適用してもよかった（同上：161-162）。加えて，ヨーロッパ人権条約15条に規定された緊急事態における「逸脱」の手続きを踏む選択肢もあった。だがジョンソン政権はこうした方法をとらず，「正式な緊急事態法制によらずに新型コロナへの対応を図ったのである（同上：162）」。ジョンソン政権がイレギュラーな方法を選んだことは事実だが，ここで重要なのは，イギリスにはロックダウンの具体的な構想がなかったものの，危機対応において例外手段を実施できる法体系は整っていたことである。この点はNZと共通している。

　政府と専門家の連携体制はどうだったのか。政府に科学的助言を行う主な専門家組織は，前出のSAGEである。これは90名弱の専門家で構成される組織（実際に個別の会議に出席するのはその一部）で，政策過程の中枢

に組み込まれており，上記の下院報告書もその存在自体は同国の新型コロナ対策の優れた特徴であると評価した（HC Committees 2021：40）。イギリスにもNZと同様，科学的根拠に基づく政策決定を支える政府と専門家の連携体制が整っていたのである。

　ところが報告書は，それが逆にロックダウンの迅速な決定を妨げたと指摘する。すなわち，先にみたような，政策決定者が専門家の見解に疑問・異論を表明しにくい状況が，方針転換の遅れにつながったという。「大臣たちにとって，国家の非常事態において科学的アドバイスをするために作られた組織のなかに存在する科学的コンセンサスに，逆らうことが難しいのは理解できる（Ibid.）」。「科学的コンセンサス」が意味するのは，SAGEという専門家集団のロックダウンに対する否定的な見解である。イギリスでは，科学的根拠に基づく政策決定を支える政府と専門家の連携体制が機能していた。ところが，不確実性の大きい状況下で政府の選好が揺らぎ，専門家の選好との間に齟齬が生じた局面においては，その体制がむしろ迅速な政策決定，方針転換を妨げる結果となったのである。

（3）　日　　本

　日本はロックダウンを一度も行っていない（2023年4月時点）。国内初の感染者が確認されたのは2020年1月15日であり，NZとイギリスがロックダウンを始めた3月下旬には累計感染者数が2,000人に迫っていた。この数字は当時のイギリスの3分の1以下だが，NZを大きく上回る。先に触れたイタリアは累計感染者数が2,000人を超えたのが3月1日頃で，ロックダウンを始めたのが3月9日，スペインは2,000人を超えたのが3月10日頃で，ロックダウンは14日からである。数字だけをみれば，日本も3月下旬にロックダウンを始めてもおかしくはなかった。

　日本の新型コロナ対策を検証した新型コロナ対応民間臨時調査会の言葉を借りれば，日本は流行当初から「社会・経済機能への影響を最小限としながら，感染拡大防止の効果を最大限にする」という意味で，「両立」を

目指す方針だった（一般財団法人アジア・パシフィック・イニシアティブ 2020：28）。いわゆる「日本モデル」とは、「法的な強制力を伴う行動制限措置を採らず、クラスター対策による個別症例追跡と罰則を伴わない自粛要請と休業要請を中心とした行動変容策の組み合わせにより、感染拡大の抑止と経済ダメージ限定の両立を目指した日本政府のアプローチ（同上：29）」である。日本の対策は当初から一貫して、ロックダウンの可能性を排除したものだった。

　政府がロックダウンを含む強い措置全般に対して消極的だったことは、当時の大臣たちの言葉からも窺える。加藤勝信厚生労働大臣は、上記の調査会によるヒアリングで日本モデルについてこう語った。「感染症の対応と経済のバランス、と二つがよく挙げられるが、自分はそれに民主主義・人権というものを加えた三つのバランスだと思っている。感染症対策は人権に抑制的に働く。これをバランスよくやることに努めてきた。特に感染症の歴史は差別を生む〔日本の歴史上、感染症は差別を生んできた〕。民主的な仕組みの中でやらなければならない。この点は非常に首相も意識していた（同上：35）」。西村康稔新型コロナウイルス感染症対策担当大臣は2020年4月の緊急事態宣言について、次のように振り返った。「緊急事態宣言発出に対しては、政府内、首相のもとで議論すると、慎重論もやっぱりありましたね。やはり経済に相当ダメージがあるというので（同上：433）」。日本の緊急事態宣言は中国や欧米並みの強い措置を可能にするものではなかったが、それでも慎重論が出たことは政府の選好を物語る。

　専門家もロックダウンには否定的だった。政府に科学的助言を行う立場にあった専門家会議は、2020年2月半ばには新型コロナの感染拡大の特徴（感染者の大半は他の人に感染を広げることはなく、ごく一部の感染者が多数の人に感染を広げる）をつかみ、クラスター対策が有効であると考えるようになった（同上：24）。3月には、感染者の約80％が他の人に感染させていないとのデータを示して、クラスター対策の有効性を強調した（同上）。専門家会議のメンバーだった押谷仁は、次のように述べる。「こ

のウイルスは完全に制圧することは困難です。ゼロにできない以上，ウイルスが多少社会の中で伝播していくことも許容しなければならない。一番の問題は，木を見て森を見ないことです。大きなクラスターを起こさなければ，多くの感染連鎖は消えていく（河合 2021：42-43）」。彼はまた，2020年前半に欧米で感染拡大が深刻さを増していたとき，次のように考えをめぐらせた。

　　なぜ欧米ではあれほどまでに感染が拡大したのか。……押谷は「彼らはモデルを求めたから」，つまりは自らの根源を忘れていることが一つの原因ではないかと考えていた。対策のモデルを，共産党政権であるからこその強固なロックダウンをした中国や，軍組織を動かしメガクラスターを徹底的に追いかけた韓国に求めたが，国の体制も感染の状況，国民性も違うために同じような効果は上がらなかった。／このウイルスの特徴は，共通のモデルがないことだと押谷は思っていた。……他の感染症の多くはモデルとなる対策はあった。……だが今回は，そういったどこでも誰にでも効果を発揮する共通の解決策はない（同上：137-138）。

　このように，日本の政府は感染症対策と経済の両立を重視する観点からロックダウンを忌避し，専門家は科学的見地からその効果を疑問視し，別の方法に可能性を見出した。明らかに，日本のアクターの選好はロックダウンに対して否定的なものだった。

　制度に目を向けると，日本にはロックダウンのような例外手段を可能にする法体系がない。竹中が説明するように，「日本の法制度の下では国や地方公共団体は外出の自粛を要請することはできても，禁止を命ずることはできない（竹中 2020：131）」。前出の大林も同様に指摘する。「そもそも現在の感染症分野の日本の法体系が強い措置を念頭に置いていない」のであり，感染症対策の骨格をなす「感染症の予防及び感染症の患者に対する医療に関する法律（以下，感染症法）」の前文には，その背景としてハ

ンセン病患者等に対する差別・偏見が存在した過去に対する反省が書かれている[6]。要するに，日本では歴史的教訓に根ざす慎重な姿勢が感染症対策の法体系の基調をなすのである。当然それは新型インフルエンザ等対策特別措置法（以下，特措法）にも反映され，緊急事態宣言の発出や行動制限の要請は可能でも，ロックダウンは到底できるものではない。

　もちろん理論上は，日本でも新しい法律を制定すればロックダウンを実施できたかもしれない。しかし内閣官房関係者によれば，「新法の国会審議には時間を要することから，……強力な新法の策定が政府内の議論の俎上に上ることはなく，最短で実現できる法整備として，特措法を改正し，新型コロナウイルス感染症が同法の対象となることを明確にする方法が検討されることとなった（一般財団法人アジア・パシフィック・イニシアティブ 2020：135)」。NZとイギリスが既存の法体系の枠内でロックダウンを実施できたのに対して，日本は，もしそれをするなら法体系を根本から変えねばならなかった。

　だとすれば，日本では法体系が政策決定の制約要因であるにとどまらず，アクターの選好を形成する要因でもあったといえよう。先の加藤厚労相の言葉がその点を強く示唆する。つまり，上記のような法体系が前提としてある以上，政府の考え得る対策オプションは自ずと絞り込まれるのであり，ロックダウンは当然排除されることになる。

　政府と専門家の連携体制に関しては，多くの（自己）批判がなされてきた。専門家会議のメンバーだった武藤によれば，会議の設置要綱には「新型コロナウイルス感染症対策本部の下，新型コロナウイルス感染症の対策について医学的な見地から助言等を行う」と書かれていたものの，それ以外に会議の役割や権能に関する記述はなく，「アドホックな組織」だったという（武藤 2021：70)。実際，専門家会議の法的位置付けや政府との関係・役割分担が曖昧であることや，それが問題をもたらすことはたびたび指摘されてきた（岡山 2021：226-228；手塚 2021：75)。会議の副座長を務めた尾身茂も，2020年9月にこう述べている。「〔感染症対策は〕非常に

テクニカルな話だから，専門家の意見を聞いてもらい，その後に大所高所から政府が判断するということがあるべきと思いますが，そういう関係がなかった。〔政府と専門家の〕意見の違い自体は問題ではないと思います。〔専門家の意見を〕採用するならする，しないならどういう理由でしないのか，きちんと説明するのが政府としてあるべき姿だったと思います（一般財団法人アジア・パシフィック・イニシアティブ 2020：450）」。

　ただし，日本において政府と専門家の連携体制の不備が，ロックダウンをめぐる政策決定に影響を与えたとはいえない。なぜなら，そもそも先述のようなアクターの選好と法体系があるため，ロックダウンの是非や可否が両者の間で議題に上らなかったからである。とはいえ，これに関してはNZやイギリスとの違いから重要な含意を読み取れるのも事実である。この点は次節で検討したい。

5　分析結果の整理と解釈

　表1は，比較分析の結果を整理したものである。「アクターの選好」は，政府・専門家がロックダウンに肯定的なら○，否定的なら×とした。「例外手段を可能にする法体系」は，ロックダウンを実施できる法体系が整備されていれば○，されていなければ×とした。「政府と専門家の連携体制」は，科学的根拠に基づく政策決定を支える実効的な連携体制があれば○，なければ×である。「政策決定」は，○はロックダウンの決定が迅速になされたこと，△は決定が遅れたこと，×は決定がなされなかったことを意味する。なお，○△×は良い／悪いといった価値判断を含むものではない。すなわち，「ロックダウンを早く実施できれば感染拡大を抑えられる」という見方を前提に，NZを成功例，イギリスと日本を失敗例とみなすわけではない。ここで考えたいのは，あくまで各国の危機対応の違いとその要因である。

　NZは選好，法体系，連携体制のいずれも○であり，それらがロックダ

表 1　比較分析の結果

	アクターの選好	例外手段を可能にする法体系	政府と専門家の連携体制	政策決定
ニュージーランド	○	○	○	○
イギリス	×→○	○	○	△
日　　本	×	×	×	×

ウンの迅速な決定につながった。イギリスは法体系と連携体制がNZと同じく○だが，アクターの選好は，当初の否定的な選好が肯定的なものに変わった経緯から，×→○とした。この変化に一定の時間を要したことが，政策決定の遅れを招いたのである。日本は 3 つの要素がすべて欠けており，ロックダウンが行われることはなかった。

　この分析結果の解釈において注意したいのは，連携体制の○×の意味合いである。一般論としては，連携体制が整っていれば迅速な政策決定がしやすいように思われる。NZが好例である。しかしイギリスでは逆に，連携体制が政策決定の遅れを招いた。政府は，既存の対策に疑問を持ち始めたものの専門家の見解がまだ変わらない段階において，次のようなジレンマに直面して決断を躊躇した。確かな科学的知見が揃うのを待てば政策決定の時機を逸するかもしれず，いま迅速な決定をすればその科学的根拠は弱いものになる──。イギリスの政策決定が遅れたのは，このような形でアクターの選好と連携体制が結びついた結果である。すなわち，不確実性の高い状況下でアクターの選好に動揺と齟齬が生じ，そこから「科学的な決定か，迅速な決定か」というジレンマが浮上した局面において，連携体制がアクターの選好の変化を遅らせたのである。

　この点は，日本の事例の解釈にも関係する。日本の「政府と専門家の連携体制」は×だが，先述のように，これが今回の事例の結果に影響することはなかった。しかし，イギリスの下院報告書の指摘を踏まえると，仮にイギリスと同じ形で日本でも政府と専門家の選好に齟齬が生じたなら，連携体制の不備はむしろ政治判断の余地があるという意味で，潜在的にはロックダウンを促す要因だった。ここで思い出したいのが，2020年 2 月下

旬に安倍晋三首相が唐突に全国一斉の休校要請を決めたことである。あの政策決定はまったく専門家の助言によるものではなく，まさに政治判断だった。[7] 良し悪しはともかく，日本の制度にはそうした「迅速な」政策決定を許容する部分がある。一方で，歴史的教訓に根ざす法体系が，ロックダウンのような強い措置を明確に否定していた。したがって，日本がロックダウンを行わなかったことの制度上の理由を，単に法体系と連携体制が欠けていたからと説明するのでは不正確である。イギリスの事例を参照すれば，連携体制の面では政治判断によるロックダウンを許容する要素が潜んでいたと解釈できる。しかしそれが現実のオプションとして検討される可能性を，はじめから法体系が排除する形になっていたのである。

6　危機対応における法，政治，科学

　新型コロナに対して，NZ，イギリス，日本の間でロックダウンをめぐる政策決定に違いが生じた理由は，「アクターの選好」「例外手段を可能にする法体系」「政府と専門家の連携体制」の違いから説明できる。ただし，各要因の作用をそれぞれ別個に理解するだけでは不十分であり，その間の結びつきにも目を向ける必要がある。NZでは，例外手段を可能にする法体系の中に，連携体制の役割が明示的に組み込まれていた。イギリスでは，アクターの選好に動揺・齟齬が生じた局面において，実効的な連携体制が逆に迅速な決定を難しくした。日本に関しては，歴史的教訓に根ざす法体系がアクターの選好の背景にあったこと，および連携体制の不備に起因する政治判断の可能性をその法体系が実質的に排除していたことを，理解する必要がある。ヤーンが強調したイデオロギーという要因は，民主主義国のロックダウンをめぐる政策決定の一部に過ぎない。

　民主主義国といえども，感染症対策として権威主義国並みの強い措置を実施することはできる。それをめぐる政策決定を促進または制約する要因は，法と政治と科学にまたがる形で存在する。しかし状況の不確実性の大

きさゆえに，科学がいつも確かな手がかりを与えてくれるとは限らない。そのとき改めて法と政治の役割が問われることになる。本稿が明らかにしたこのような法，政治，科学の相互関係こそ，パンデミックの危機対応の本質である。

注

1）　2020年12月に民主主義・選挙支援国際研究所（International IDEA）がまとめたところによれば，少なくとも96カ国がロックダウンを行っていて，その約8割が国家レベルのものだった（International IDEA 2020：16）。

2）　いわゆる「防疫線（cordon sanitaire）」はヨーロッパで遅くとも近世から行われてきたし，アフリカでも2014年に西アフリカのギニア，リベリア，シエラレオネでエボラ出血熱の感染が広がった際に，三国の国境周辺の地域が一時封鎖された。

3）　大曲貴夫。筆者によるインタビュー，2023年3月16日。

4）　厳密にいうと，エピデミック通報は首相が3月24日に発出し，25日から発効した形である。

5）　イギリスでは，イングランド，スコットランド，ウェールズ，北アイルランドのそれぞれに別個のロックダウンの規則が制定された。ここではイングランドの規則を念頭に置くが，他の地域の規則も内容に大きな違いはない（芦田 2020）。

6）　ヒューモニー特別連載「第74回　なぜ日本はロックダウンをできなかったのか？」（https://humonyinter.com/column/med/med-74/　2022年9月1日最終アクセス）。感染症法の歴史的背景については，行政法・医事法が専門の磯部も同じことを述べている（磯部 2021：62）。

7）　専門家会議の座長の脇田隆字は，「一斉休校についてメディアで知り，『椅子から転げ落ちそうになった』ほど驚いた（河合 2021：50）」という。

参考文献

芦田淳（2020）「【イギリス】コロナウイルス関連規則の制定——活動制限（ロックダウン）の概要」『外国の立法』284-2号，4-5頁。

磯部哲（2021）「感染症法・特措法の仕組みに関する医事行政法的考察」『法律時報』93巻3号，61-64頁。

一般財団法人アジア・パシフィック・イニシアティブ（2020）『新型コロナ対応・民間臨時調査会　調査・検証報告書』ディスカヴァー・トゥエンティワン。

大林啓吾（2021）「ニュージーランド──予防国家の緊急事態法制」大林啓吾編『コロナの憲法学』弘文堂，125-133頁。

岡山裕（2021）「政治家と専門家の関係──政権は医学専門家に主導権を握られたのか」大林啓吾編『コロナの憲法学』弘文堂，225-235頁。

河合香織（2021）『分水嶺──ドキュメント　コロナ対策専門家会議』岩波書店。

新型コロナウイルス感染症対策専門家会議（専門家会議）（2020）「新型コロナウイルス感染症対策の状況分析・提言」2020年3月19日。

竹中治堅（2020）『コロナ危機の政治──安倍政権vs.知事』中公新書。

手塚洋輔（2021）「危機対応における組織編制とその作動」『法律時報』93巻5号，71-76頁。

奈須裕治（2021）「コロナ禍のデモ（2）［イギリス］──規制は伝統的な憲法原理を侵害するものだったのか」大林啓吾編『コロナの憲法学』弘文堂，160-170頁。

武藤香織（2021）「COVID-19の専門家助言組織の課題」『法律時報』93巻3号，69-73頁。

Annaka, Susumu（2021）"An Empirical Analysis of Political Regimes in the COVID-19 Pandemic：Is Democracy Inferior to Authoritarianism?" *Discuss Japan*, 66：1-7.

Baker, M. G., A. Kvalsvig, A. J. Verrall, L. Telfar-Barnard, and N. Wilson（2020）"New Zealand's Elimination Strategy for the COVID-19 Pandemic and What is Required to Make It Work," *New Zealand Medical Journal*, 133(1512)：10-14.

Cepaluni, G., M. T. Dorsch, and R. Branyiczki（2022）"Political Regimes and Deaths in the Early Stages of the COVID-19 Pandemic," *Journal of Public Finance and Public Choice*, 37(1)：27-53.

Cousins, Sophie（2020）"New Zealand Eliminates COVID-19," *Lancet*, 395(10235)：1474.

Evening Report（2020）"New Zealand：Prime Minister Jacinda Ardern's Statement on New Zealand Lockdown and State of National Emergency," *Evening Report*, March 25, 2020.

Frey, C. B., C. Chen, and G. Presidente（2020）"Democracy, Culture, and Contagion：Political Regimes and Countries' Responsiveness to Covid-19," *Covid Economics*, 18：222-240.

González-Bustamante, Bastián（2021）"Evolution and Early Government Responses to COVID-19 in South America," *World Development*, 137（105180）：1-8.

Goyal, N. and M. Howlett（2021）"'Measuring the Mix' of Policy Responses to COVID-19：Comparative Policy Analysis Using Topic Modelling," *Journal of Comparative Policy Analysis: Research and Practice*, 23(2)：250-261.

Guzzetta, G., F. Riccardo, V. Marziano, P. Poletti, F. Trentini, A. Bella, X. Andrianou, M. D. Manso, M. Fabiani, S. Bellino, S. Boros, A. M. Urdiales, M. F. Vescio, A. Piccioli, COVID-19 Working Group, S. Brusaferro, G. Rezza, P. Pezzotti, M. Ajelli, and S. Merler（2021）"Impact of a Nationwide Lockdown on SARS-CoV-2 Transmissibility, Italy," *Emerging Infectious Diseases*, 27 (1)：267-270.

Hayward, Janine（2020）"Government Authority and the Covid-19 Lockdown," *Policy Quarterly*, 16(3)：7-10.

House of Commons Health and Social Care, and Science and Technology Committees（HC Committees）(2021）"Coronavirus：Lessons Learned to Date," Sixth Report of the Health and Social Care Committee and Third Report of the Science and Technology Committee of Session 2021-22.

Independent Panel for Pandemic Preparedness and Response（IPPPR）(2021）*From Science to Policy : Provision of Technical and Strategic Guidance Based on Evidence by WHO*, Background Paper 3.

International IDEA（2020）*Taking Stock of Global Democratic Trends before and during the COVID-19 Pandemic.*

Jahn, Detlef（2022）"Politics and Corona Lockdown Regulations in 35 Highly Advanced Democracies：The First Wave," *International Political Science Review*, https://doi.org/10.1177/01925121221078147：1-16.

Jamieson, Thomas（2020）"'Go Hard, Go Early'：Preliminary Lessons from New Zealand's Response to COVID-19," *American Review of Public Administration*, 50(6-7)：598-605.

Landler, M. and S. Castle（2020）"Britain Placed Under a Virtual Lockdown by Boris Johnson," *New York Times（Web）*, March 23, 2020.

Lewis, Dyani（2022）"What Scientists Have Learnt from COVID Lockdowns," *Nature*, 609：236-239.

Mazey, S. and J. Richardson（2020）"Lesson-Drawing from New Zealand and Covid-19：The Need for Anticipatory Policy Making," *Political Quarterly*, 91

(3)：561-570.

Nuclear Threat Initiative and the Johns Hopkins Center for Health Security（NTI and JHC）（2019）*Global Health Security Index: Building Collective Action and Accountability.*

Onyeaka, H., C. K. Anumudu, Z. T. Al-Sharify, E. Egele-Godswill, and P. Mbaegbu （2021）"COVID-19 Pandemic：A Review of the Global Lockdown and Its Far-reaching Effects," *Science Progress*, 104(2)：1-18.

Ringe, N. and L. Rennó（2023）*Populists and the Pandemic: How Populists around the World Responded to COVID-19*, London：Routledge.

Sayers, Freddie（2020）"Neil Ferguson Interview：China Changed What Was Possible," *The Post*, December 26, 2020（https://unherd.com/thepost/neil-ferguson-interview-china-changed-what-was-possible/ Accessed on September 1, 2022）.

World Health Organization（WHO）（2020）"Coronavirus Disease（COVID-19）：Herd Immunity, Lockdowns and COVID-19," Q&A, Updated December 31, 2020 （https://www.who.int/news-room/questions-and-answers/item/herd-immunity-lockdowns-and-covid-19　Accessed on September 1, 2022）.

（こまつ・しろう：山梨大学）

第 2 部

紛争と国家

紛争後の非リベラルな国家建設を市民はどのように認識するのか
——2021年シリア世論調査結果の分析から——

末近浩太［立命館大学］・**山尾　大**［九州大学］

1　非リベラルな国家建設という現実

　冷戦終結以降，ポスト紛争国では民主主義と市場経済を双柱とするリベラルな国家の建設が目指されてきた。そこでは，西側諸国を範とするリベラルな国家こそが平和と繁栄に向けた唯一の選択肢であり，また，市民はその建設を期待しているものと想定された。しかし，現実には，紛争の発生と収束を経た後に，リベラルではない国家が建設される事例が散見される。その際，市民はこうした非リベラルな国家建設をどのように認識してきたのか。この問題を考えることは，今日の世界で広く共有される規範的・硬直的な国家像を問い直し，現実に存在する国家の多様な実態を研究していく上での前提を再検討する契機となる。

　国家建設は，紛争後のガバナンスの再建，経済の復興，国民の和解と再統合，さらには民主化の帰趨を左右する重要課題であり，平和構築の核心とされてきた（Paris 2004）。しかし，後に詳述するように，21世紀に入ってから，リベラルな国家建設は，理念的にも経験的にも批判されるようになった。それが西洋中心主義によって過度に理想化されているだけでなく，イラクやアフガニスタンのようにリベラルな国家建設——特に性急な民主化や選挙の実施——がむしろ紛争を再燃させる事例や（山尾 2013, 2021, Rubin 2006；Dodge 2021），インドネシア，ミャンマー，スリランカ，アンゴラ，モザンビークなど，権威主義的統治が出現する事例が観察

されたためであった（Oliveira 2011；Cheung 2019；Smith et al. 2020；Stokke et al. 2022[1]）。さらに，中国やロシアといった非リベラルな大国の台頭によって，今や国際社会も一枚岩ではなく，非リベラルな国家建設が容認されるという現実も見逃せない。

　本章では，10年間以上の激しい紛争を経た後に，バッシャール・アサド政権による権威主義的統治が再構築されたシリアを取り上げ，2021年に独自に実施した世論調査結果を手がかりに，市民が同政権による国家建設──特に後述する「権威主義的紛争管理（Authoritarian Conflict Management：ACM）」──をどのように認識しているのかを分析する。そして，これを通して，一般的に「想定外」とされがちであった非リベラルな国家建設について，どのような条件下ならば市民がそれを受け入れやすくなるのか，別言すれば，どのような条件下ならば権威主義的統治の再構築が進みやすくなるのか，そのメカニズムの一端の解明を試みる。

　2011年に「アラブの春」の一環で始まったシリアでの紛争は，クルド人勢力の独立運動や「イスラーム国（IS）」などのイスラーム主義勢力の伸張を経ながらも，2017年末までにアサド政権の軍事的な優勢が確定した。しかし，この紛争収束のプロセスは，シリア全土を通じて均質に推移したわけではない。すなわち，アサド政権と反体制派との戦闘が起こったか，その戦闘がどちら側の勝利で終わったか，また，イスラーム主義勢力やクルド人勢力などの非国家主体による実効支配地域となったか，といった違いがあり，そのため，市民の紛争経験も居住地域によって大きく異なるものとなった（青山 2012, 2021；Phillips 2020）。

　これを踏まえ，本章では，シリアでは市民の居住地域による紛争経験の違いが紛争後のアサド政権による非リベラルな国家建設に対する認識の違いを生んだ，という推論を立てる。そして，言論，治安，雇用といった分野におけるアサド政権の政策に対する認識の差が地域ごとにどのように立ち現れるのかを分析する。これらの分析を通して，紛争経験の差異が非リベラルな国家建設に対する認識にどの程度の影響を与え得るのかについて

計量的に解明する。

2　非リベラルな国家建設・権威主義的紛争管理・事例としてのシリア

（1）　リベラル平和構築論からポスト・リベラル平和構築論へ

　冷戦終結後に世界各地で多発するようになった紛争に，国際社会はどのように対応すべきなのか。そのための処方箋として展開されたのが，「リベラル平和構築論（Liberal Peace Building：LPB）」であった。これは，冷戦に勝利した西側諸国を範とする民主主義と市場経済を双柱とする西洋のリベラルな国家を，非西洋の紛争国家に対してトップダウン型で外生的に建設することを目指すものであった。

　しかし，リベラルな国際社会がリベラルな国家の建設を一方的に支援するという介入偏重の姿勢は，理念的には「帰ってきた植民地主義」（Wilde 2007）との批判を受け，経験的にも数々の「失敗した国家建設」（Richmond 2014）を積み上げていった。その結果，いわゆる現地主義への転回を強調する「ポスト・リベラル平和構築論（Post-Liberal Peace Building：PLPB）」が台頭し（Paris 2004；Richmond 2009），ボトムアップ型で内生的な国家建設が重視されるようになった[2]。

　とはいえ，これらのPLPBの議論は，現地主義を重視しつつ，あくまでもリベラルな国家との接合や融合を想定する傾向が強く，リベラルな国家建設の亜種の域を出ていないという批判もなされてきた（谷口 2020：16）。そのため，近年では，非リベラルな国家建設の実態を実証的に分析した研究も出されてきている。しかし，スリランカ，アンゴラ，チェチェンなどの無数の事例研究がなされてきた一方で，現地主義の強調や個別のオルタナティヴの提示に終始しがちとなる問題が指摘されてきた（Hameiri 2011；Mac Ginty 2010）。つまり，世界各地で観察されるようになった非リベラルな国家建設という政治現象を地域横断的かつ理論的に捉える視座

を欠く傾向が問題視されるようになったのである。

（2）　権威主義的紛争管理とシリアの事例

　こうした非リベラルな国家建設をめぐる研究上の課題に取り組むために提唱された概念の一つが，「権威主義的紛争管理（ACM）」である[3]。ACMは，リベラルな国家建設が依拠する民主主義と市場経済の実現ではなく，権威主義的統治の徹底を通した紛争解決の試みであり，次のように定義される。

　　ACM は，紛争当事者間の実質的な交渉を回避し，国際的な調停と武力行使の制限を拒否し，紛争の根本的な構造的原因に取り組む要求を無視し，代わりに国家の強制手段と権力の階層的構造に依拠する方法によって，組織的武装反乱や共同体間暴動などの大衆社会的暴力を防止，沈静化，収束することを意味する（Lewis et al. 2018：491）。

　ACMを目指す権威主義体制は，具体的には，次の三つの政策の実施を試みるとされる。第一に，市民にとっての「客観的事実」を独占するための言論統制であり，政府の公的メディア以外の情報源を抑圧することで反体制派の主張の信頼性や正当性を低下させる。第二に，「政治的，物理的，象徴的」な空間支配であり，治安要員の展開のほか，都市計画，人口移動，公共芸術やモニュメント建設の促進，さらには，法体系の操作を通して，紛争の発生（あるいは再発）の可能性を低減させる。第三に，クライアンテリズムとパトロン・ネットワークの強化を通じた政治経済的支配の確立であり，経済全体を政府の権力強化のために再設計するためのトップダウンの「単一ピラミッドシステム」を構築する（Lewis et al. 2018）。

　本章で扱うシリアは，このACMによる非リベラルな国家建設の事例の１つである（Abboud 2021a, 2021b；Keen 2021：245-246）。次節で見るように，シリアでは，2017年末までにアサド政権の軍事的優勢が確定的と

なり，紛争前の権威主義的統治が再構築されていった。加えて，シリアを
めぐっては，紛争後の国家建設に関わるアクターがリベラルな価値を掲げ
ていなかった点も重要である。すなわち，シリア紛争の終結に向けた国際
社会の取り組みは，西側諸国ではなくロシアやイランが主導する和平プロ
セスに一元化され，アサド政権による権威主義体制の存続を前提とした
「非リベラル平和」が既定路線となり，「戦後復興」はその権威主義的統治
を強化する道具となった（Abboud 2021a, 2021b；Costantini and Santini
2022；Heydemann 2018a, 2018b）。

（3）　本章の問いと意義

　ここでの問いは，どのような条件ならば，シリアの市民がアサド政権に
よるACMを受け入れやすくなるのか，つまり，ACMが機能する可能性が
高まるのかである。この問いは，「想定外」とされがちであった非リベラ
ルな国家建設のメカニズムの解明の試みに他ならない。

　本章の研究上の意義は，次の二つに集約できる。

　第一に，シリアの新たな事例研究としての意義である。紛争後のシリア
に関する研究は数少ない。その背景には，分析面では，権威主義体制のア
サド政権が存続しているため「紛争後」が未だに訪れていないと見なされ
がちであること，他方，データ面では，紛争によって信頼できる資料や
データが入手しにくい状態が続いていることが挙げられる。

　数少ない研究のなかには，ローカル・レベルでの停戦の実践に関する質
的な事例研究や（Abboud 2020；Berti 2020；Meininghaus 2016；
Sosnowski 2018, 2020），権威主義体制であるアサド政権の覇権下での平
和構築や，国家建設に直面した国際社会が抱える政策課題を扱った研究な
どがあるが（Abboud 2021a, 2021b；Costantini and Santini 2022；
Heydemann 2018a, 2018b），シリアの全土を対象とした国家建設の実態や
それに対する市民の認識の傾向を捉えようとした研究は希少である（末近
[4]
2020）。

　第2に，ACMの新たな実証研究としての意義である。ACMは，比較的新しい概念であるため，理論と実証の両面において研究の数は限られている。それらに共通して見られるのが，紛争を管理しようとする主体である権威主義体制を分析対象とする点である[5]。たとえば，ロシアやアンゴラの政府による紛争後の諸政策を定性的に分析した事例研究のほかに（Lewis 2022；Stokke et al. 2022），シリアを含む中東諸国についていえば，中東・中央アジアの権威主義体制がACMの三つの政策をどの程度実施しているかを計量的に検証した研究もある（Keen 2021）。これらの研究は，分析の方法・手法こそ異なるものの，ACMの主体としての権威主義体制側の分析を主眼としている点で共通している[6]。

　その結果，ACMがどのような条件において機能し得るのかという問題，つまり，ACMのメカニズムを解明しようとする研究は，現時点では存在しない。ACMの議論は，権威主義体制による「ハードな戦術（拷問，監視，大量逮捕など）」だけでなく，「紛争後の管理に用いる様々なソフトな戦術」を重視する点に特徴があるとされる（Cheung 2019：5）。だとすれば，政権側による政策だけでなく，それに対する市民側の反応も分析しなければ，ACMがなぜ機能するのかを議論するには不十分であろう。このような研究状況の背景には，上述のシリア研究と同様に，権威主義体制下と紛争下という二重の制約が，資料やデータの入手を困難にしている現状があるものと考えられる。

　以上のような研究上の課題を克服するために，まず，筆者らはシリア全土を対象とした世論調査を実施してきた。そして，その結果の分析を通して，どのような条件ならばシリア市民がアサド政権によるACMを受け入れやすくなるのかについて解明を試みる。つまり，本章の意義は，これまで困難とされてきた資料とデータを入手し，その計量的な分析を通してACMのメカニズムの一端を解明することで，従来のシリア研究，さらにはACM研究に，それぞれ新たな事例研究と実証研究を提示する点にある。

　こうした試みは，今日の世界で広く共有されるようになった画一的な国

家像を今一度問い直し，現実に存在する国家の多様な実態を分析するための研究の前提を検討する契機となり得る。

3　シリア紛争の推移とアサド政権による権威主義的紛争管理

（1）　シリア紛争の推移

2011年3月に「アラブの春」の一環として始まったシリアでの紛争は，やがて治安部隊・国軍と武装勢力との衝突（軍事化），隣国や域外大国による介入（国際化），そして，ISのような過激なイスラーム主義者の台頭と国外からの戦闘員の流入（サラフィー化）を経て，拡大・長期化した（青山 2012, 2021；末近 2013, 2017, 2020）。

ただし，紛争解決については初期の段階から国際社会による主導が見られ，2012年6月，スイスのジュネーヴで国連が主催する最初の和平協議が開かれた。そこでは，シリアでの紛争が「すべてのシリア人」による「国民的対話プロセス」を通して政治的に解決されるべきであると取り決められた（通称ジュネーヴ・プロセス）。しかし，このプロセスへのアサド政権側の参加の是非をめぐって意見が対立し，結果的に包括的な停戦の合意はおろか，そのための対話すら成立しない状況に陥った。

こうしたなか，2015年9月末にアサド政権への支援のために本格的に紛争に介入したロシアが，2017年1月，カザフスタンの首都アスタナで部分的な停戦に向けた新たな国際的な枠組みを打ち出した（通称アスタナ・プロセス）。この時点で国連主導のジュネーヴ・プロセスは事実上停止し，代わりにロシアとアサド政権による和平交渉が進められることになった。それを象徴するのが，2018年1月に開催された「シリア国民対話大会」であり，新憲法の起草のための制憲委員会の設置が採択されるなど，アサド政権の覇権下での国家建設が着々と進められることになった（青山 2021：143-165；末近 2020）。

ただし，シリアの領土については紛争前の状態に戻ることなく，政治環

境の違いによるパッチワークと化した（末近 2018；Cimino ed. 2020）。す
なわち，外国軍による三つの占領地──1967年の第三次中東戦争以来，イ
スラエルによる占領が続く南西部（ゴラン高原），2016年にIS掃討を名目
に侵攻したトルコ軍が駐留する北西部，同年にアメリカ軍が管理下に置い
た南東部──が残されたほか，紛争の推移の違いがシリアの領土を次の四
つに分断した。

①2011年の紛争発生以降，反体制派の台頭や侵入を許さず一貫してアサ
　ド政権の統治下にあった地域（政府支配地域）：ダマスカス県，タル
　トゥース県，ラタキア県

②紛争の発生を経てアサド政権が反体制派から再び奪還した地域（政府
　再支配地域）：ダマスカス郊外県，ダルアー県，アレッポ県，ヒムス
　県，ハマー県

③クルド人が事実上の自治を確立した地域（クルド人支配地域）：ダイ
　ル・ズール県，ハサカ県

④紛争の発生後に反体制派が実効支配下に置いた地域（反体制派支配地
　域）：イドリブ県

　本章が着目する市民の紛争経験の観点から見れば，アサド政権による権
威主義的統治の崩壊──支配者の交代──を経験したのは②③④となる。
その結果，紛争後に市民はそれぞれ違ったかたちで国家との関係を取り結
ぶこととなり，それゆえ，認識にも違いが生じたものと想定できる。

（2）　アサド政権による権威主義的紛争管理

　アサド政権によるACMが実質的に観察できるのは，同政権の統治下に
置かれた①政府支配地域と②政府再支配地域である。そこでは，上述の
ACMの三つの特徴である言論統制，空間支配，政治経済的支配はどのよ
うに展開されたのであろうか。

　第一の言論統制については，紛争を戦ったアクターやその支持者たちの
あいだの制度的な和解が棚上げにされただけでなく，包括的な停戦すら合

意されずに国家建設の段階への移行が進められた。そこでは，政府が運営する公的メディアがあらゆる情報発信を独占し，アサド政権の言動を正当化し続けた。こうした状況下において，市民は，真実と虚偽の峻別が困難になり，さらには時間の経過とともに「客観的事実」を求める意思自体を衰弱させていった。そして，このような国家権力に対する支持と不支持のあいだの「あいまいな中間」に位置する市民の拡大が，結果的にアサド政権による権威主義的統治の既成事実化に寄与したとされる（Weeden 2019）[7]。

　第二の空間支配については，ロシアとイランといった非リベラルな同盟国からの支援を受けたアサド政権の軍事的優勢が決定的な要因となった。アサド政権は，軍と治安機関・秘密警察による反体制派と関係する（と目された）市民の掃討を徹底することで紛争中の「失地」を次々と回復し，再びその権威主義的統治下に置いていった。反体制派が掃討された政府再支配地域では，「正当な暴力」の独占による強権的な治安維持を実施する一方で，支配政党であるアラブ社会主義バアス党（以下，バアス党）のイデオロギーに反する（と目された）市民を，「テロリスト」や「犯罪集団」として抑圧・排除した。また，市民から土地を強制的に接収し，権威主義的エリートに再分配することを可能とする新たな土地利用法令を導入するなど[8]，都市計画と人口移動による権力基盤の強化を進めた。そして，こうした空間には，アサド政権やロシアを讃えるモニュメントが次々に建設された（Dagher 2019a：442-460；Dagher 2019b）。

　第三の政治経済的支配については，アサド政権が紛争前の権威主義的統治の手法を踏襲した実態が指摘されている（Heydemann 2018a, 2018b；Mazur 2021）。紛争前に蔓延していた「腐敗的，略奪的，強制的な規範と慣行」（Heydemann 2018b：7）が紛争後も存続し，それがアサド政権による「戦後復興」という名の権威主義的統治の再構築に寄与したのである。シリアでは，1960年代以降，権威主義的エリートの選好を実現するための統治機構を整備し，それをバアス党の急進的な社会変革のイデオロギーで

正当化する「ポピュリスト権威主義」（Hinnebusch 2001）ないしは「新家産制的権威主義」（青山・末近 2009：10）による体制が構築されてきた。そこでは，特定の宗派・地縁・階級からなる権威主義的エリートの利害に基づく政権・軍・企業のネットワークの整備と，各地域の地元有力者とのあいだのインフォーマルな取引と交渉や，社会的な亀裂の操作がなされた（髙岡 2012；Haddad 2012；Donati 2013；Matar 2016；Dukhan 2018）。

　こうした体制は，紛争の発生後も反体制派によって継承された（Heydemann 2018a, 2018b；Mazur 2021）。特に反体制派による実効支配地域に出現した局地的な経済活動において，紛争前の「強制的で捕食的な経済規範と慣行」が暴力を伴うかたちで再生産・深化する傾向が見られたと報じられた（Heydemann 2018b：8-9）。

4　どのような市民が権威主義的紛争管理を受け入れやすいのか
——仮説とデータ——

（1）　仮　　説

　では，紛争後のシリアにおける非リベラルな国家建設を，市民はどのように認識したのであろうか。アサド政権が言論統制，空間支配，政治経済的支配の三つからなるACMを企図したのだとすれば，それらは，市民の目から見れば，権威主義体制によるメディアや表現の自由の制限，軍や治安機関・秘密警察などによる抑圧的な支配，クライエンテリズムのネットワークやインフォーマルな取引・交渉の実践と同義であろう。

　たしかに，2011年の「アラブの春」の際に喧伝されたリベラルな国家建設という将来像に数多くの市民から期待が寄せられたのも事実である。しかし，アサド政権による覇権下での暮らしが続くことが現実のものとなったとき，市民は生存戦術としてACMを受け入れることにインセンティヴを見出すようになるかもしれない。そして，このような市民のインセンティヴについては，紛争前から継続して権威主義体制的な統治下にあった

地域よりも，激しい紛争によってその支配が弱まる，ないしは完全に破壊されることで混乱や無秩序を経験した地域において，より強く観察できるかもしれない。

その際，政府が紡ぎ出す言論は，社会秩序に深刻な混乱をもたらした反体制派や過激なイスラーム主義勢力の言説やプロパガンダに対するカウンターバランスとして受け入れられやすくなるかもしれない。別言すれば，市民はアサド政権の発する情報への信頼を強め，反対に反体制派や過激なイスラーム主義勢力の言説への取締りを支持するようになるかもしれない。こうした可能性について，次の仮説によって検証を試みる。

仮説 1 ：支配者の交代を経験した政府再支配地域では，他の地域よりもACMの言論を受け入れやすい（言論統制仮説）。

同様に，支配者の交代が起こるような激しい紛争を経験した地域では，治安維持による社会秩序の回復こそを優先的な課題と見なしがちである。治安維持は，近代国家が提供するべき最も重要な役割の一つであるが，アサド政権のACMでは，権威主義的統治の一環として強権的な手法でその実現が試みられた。したがって，激しい紛争を経験した地域では，他の地域に比べてACMの治安維持が受け入れられやすいと想定できる。これは，以下の仮説に整理できるだろう。

仮説 2 ：政府再支配地域では，他の地域よりもACMの治安維持を受け入れやすい（空間支配仮説）。

最後に，アサド政権による権威主義的な政治経済的な支配についても，同様に，激しい紛争と支配者の交代を経験した後に，同政権による支配が再確立した地域でより期待が高まるものと想定できる。政府再支配地域では，支配者の交代を伴うような激しい紛争が起こった結果，紛争後のロー

カルな経済活動はアサド政権主導の「戦後復興」により依存することとなった。加えて，政府再支配地域では，同政権が紛争前に築き上げていたクライエンテリズムのネットワークやインフォーマルな取引・交渉が残存したため，アサド政権主導の「戦後復興」から経済的な利益を得るためにはそれに積極的に参入することが有力な選択肢の一つとなる。事実，現地調査や報道に依拠した先行研究でも，「〔アサド〕政権は，一部では長年にわたって構築されたチャンネルを通して，また，一部ではローカルな共同体の再形成によって，数々のローカルな共同体との関係の再構築を試み」ており，紛争中に勃興した「ローカルなブローカーたち」が紛争後の「中心的な政治・経済アクター」の地位を獲得していった実態が浮き彫りにされている（Mazur 2021：252-253）。したがって，最後の仮説は以下のようになる。

仮説3：紛争を経験した政府再支配地域では，他の地域よりもACMによるパトロネージ配分に期待しやすい（政治経済的支配仮説）。

（2）　データ

　以上のような三つの仮説——政府再支配地におけるアサド政権のACMによる言論統制の受容，空間支配の受容，政治経済的支配への期待——を検証するために，筆者らは2021年にシリア国内で独自の世論調査を実施した。

　世論調査は，シリア世論調査研究センター（Syrian Opinion Center for Polls and Studies：SOCPS）の全面協力を得て，シリア国内に居住する18歳以上の男女1500人を対象に，2021年8月23日から11月1日の期間に実施され，アラビア語とクルド語による対面調査で意見を聴取した。質問票には，紛争後の農業部門と食料安全保障に関わる一連の質問群に加え，対外意識，政策志向，メディア利用，帰属意識，国家の役割に対する期待と信頼を問う項目が含まれた。[9)]

　標本抽出は，シリアの内閣府中央統計局が発表した人口動態推計値（エスニシティ，社会的属性，経済的属性，居住地）に基づき層化クラスタ無作為系統抽出法を採用した。具体的には，シリア内閣府中央統計局の2014年データをもとに，まず南部，北部，中部，海岸部，東部から11県を選択し，人口が多いダマスカス県とダマスカス郊外県の2県に156サンプル（14クラスタ），その他の9県に132サンプル（12クラスタ）を配分した。ただし，これらの11県にはクルド人勢力による実効支配地域や戦闘が散発している地域も含まれており，人口動態に関わる正確なデータが欠如していることから，SOCPSの独自の推計値に基づいた配分となっている。

　この世論調査では，局地的な戦闘が継続している一部の区域をのぞくシリアの全土を対象としており，政府支配地域や政府再支配地域だけでなく，その統治が必ずしも及んでいないクルド人支配地域と反体制派支配地域に住む市民からも回答を得た。また，後述のように，反体制派支配地域ではアサド政権に対する批判的な世論が大勢を占めており，適切な世論調査が実施できていることを示唆しているといえる。

　質問票の作成においては，権威主義体制下と紛争下という二つの問題を可能な限り克服するためにいくつかの調整を行った。信頼性の高い回答を得るために，アサド政権への支持／不支持を問う直接的な表現を避け，様々な問題に直面した場合に誰に頼るか，といった間接的な表現を用いることで，回答者の心理的な負担を軽減するように努めた。また，プレテストの実施を通して，回答しづらいセンシティヴな質問や表現がないか，厳密なチェックを行った。これらの調整を施すことで，従来のシリア研究およびACM研究が抱えてきた資料やデータの取得をめぐる困難，そして，世論調査結果の信頼性に関する問題を一定程度克服できるものと考えられる。

5　支配者の交代という紛争経験の影響

——分　　析——

（1）　変数とモデル

①従属変数

アサド政権による権威主義的統治の再構築に対する市民の認識を析出するため，紛争後の国家建設で生じる複数の課題を想定し，各場面において誰に（どの人物・組織に）相談するかを聞き取った。

まず，仮説1を検証するために，国家に統制された言論空間に対する支持を取り上げた。具体的には，国営放送に代表される公的メディアに対する信頼の度合いを測る質問，すなわち，「政府の公的メディアをどの程度信頼するか」への回答（1＝全く信頼しない，2＝信頼しない，3＝どちらともいえない，4＝信頼する，5＝とても信頼する）を従属変数として作成した（モデル1）。

仮説2は，治安維持の役割として刑事事件を想定した。激しい紛争を経験したシリアでは，強盗や略奪などの常態化が治安問題と直結していたからである。そこで，「強盗などの犯罪にあったとき，誰に相談するか」という質問に対する回答のなかから，国家の統治機構を構成する「政府，県庁，自治体首長，軍，警察，政党」を選択したものを1，それ以外（地元有力者や部族長，宗教関係者や家族，隣人）を0とするダミー変数とし，治安維持という国家の役割に対する期待を測る従属変数とした（モデル2）。

仮説3の政治経済的支配の検証には，国家によるパトロネージ配分の典型として，仕事の斡旋を想定した。権威主義的統治下，特にアサド政権のような家産的な性格が強い体制下では，市民は自由で競争的な手段よりも権威主義的エリートによる利権配分に期待を寄せざるを得ない。そのため，「仕事を探すとき，誰に相談するか」という質問に対する回答を，上述の治安維持の場合と同様に変数処理をし，アサド政権によるパトロネージ配

分に対する期待を測る従属変数とした（モデル 3 ）。

②独立変数と統制変数

これらの仮説検証のための独立変数は，紛争経験——特にアサド政権による支配の弱まり，ないしは支配者の交代（反体制派による実効支配の確立）の経験の有無——を基準にしたシリア国内の地域のダミー変数である。具体的には， 3 節の（ 1 ）で論じた 4 地域のダミー変数である（政府支配地域〔Government control〕，政府再支配地域〔Government re-control〕，クルド人支配地域〔Kurd〕，反体制派支配地域〔Opposition〕；ベースラインは反体制派支配地域）。

アサド政権によるACMに対する市民の認識という本章の関心に基づけば，政府の支配が継続した政府支配地域と，紛争の発生によって支配者の交代が起こり，紛争後に再び政府による支配が再開した政府再支配地域との差異が，分析の中心となる。なお，クルド人支配地域では，質問票内の「政府」や「国家」は回答者からクルド自治政府と認識されている可能性が高く，アサド政権を指すものではない可能性が高い。[10]

これらの独立変数に加え，統制変数として，性別〔Sex〕，年齢〔Age〕，教育水準〔Education〕，月収〔Income〕を投入した。教育水準は， 1 ＝非識字， 2 ＝読書可能， 3 ＝小学校， 4 ＝中学校・専門学校， 5 ＝高等学校， 6 ＝中等専門学校， 7 ＝大学生， 8 ＝大卒， 9 ＝大学院／院卒，性別は 1 ＝男性， 2 ＝女性とコード化して投入した。月収は， 1 ＝無収入， 2 ＝ 1 〜25米ドル（$）， 3 ＝26〜50$， 4 ＝51〜100$， 5 ＝101〜200$， 6 ＝201〜300$， 7 ＝301〜400$， 8 ＝401〜500$， 9 ＝501$以上として投入した。なお，紛争の強度による影響をコントロールするために，2011〜19年までの紛争での死者数を県別に実数で投入した紛争強度〔Intensity〕の変数も加えた。[11]

（2）　分析結果と仮説検証

政府の公的メディアへの信頼（仮説 1 ）についてはOLS，治安維持（仮

表 1　ACMに対する市民の認識についての分析結果

	M1 言論統制 Trust official media	M2 空間支配 Crime	M3 政治経済的支配 Job
Intercept	−0.073	−6.507***	−7.187***
	(0.214)	(1.145)	(1.118)
Government control	1.288***	8.697***	4.428***
	(0.133)	(1.041)	(1.039)
Government re-control	1.617***	6.131***	5.093***
	(0.112)	(1.014)	(1.019)
Kurd	2.801***	10.525***	5.413***
	(0.135)	(1.140)	(1.030)
Sex	0.012	−0.160	−0.515**
	(0.065)	(0.180)	(0.167)
Age	0.014***	−0.009	0.008
	(0.003)	(0.007)	(0.007)
Education	0.023	−0.029	0.093*
	(0.016)	(0.047)	(0.037)
Income	0.052*	0.102	0.339***
	(0.022)	(0.062)	(0.061)
Intensity	0.000***	0.000***	0.000*
	(0.000)	(0.000)	(0.000)
p	0.000	0.000	0.000
Log-likelihood		−494.089	−573.197
AIC		1,006.178	1,164.394
BIC		1,053.997	1,208.345
N	1,500	1,500	976
adj. R-squared	0.302		
F	82.028		

Significance：*** = $p < 0.001$ ；** = $p < 0.01$ ；* = $p < 0.05$
括弧内は標準誤差。

説 2 ）と仕事探し（仮説 3 ）における国家の役割への期待はロジスティックス回帰分析で，それぞれ分析した。分析結果は表 1 の通りである。また，表 1 に提示した回帰係数の効果をプロットしたものが，図 1 である。

　これらの結果をもとに， 3 つの仮説を検証していこう。モデル 1 ～ 3 の分析結果をもとに，独立変数である地域ごとの公的メディアに対する信頼（M1），治安維持の役割への期待（M2），仕事の斡旋を通した利権配分への の期待（M3）の限界効果をプロットしたのが，図 2 である。

図1　回帰係数の効果

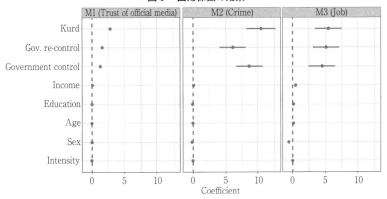

出典：筆者作成。

図2　地域ごとの公的メディアへの信頼・治安維持への期待・仕事斡旋への期待

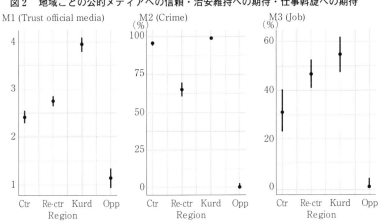

出典：筆者作成。

　まず，仮説1については，図2の左パネルを一瞥して明らかなように，クルド人支配地域で，「国家」（クルド自治政府）の公的メディアに対する信頼が最も高くなっている。他方で，興味深いのが，アサド政権の公的メディアに対する信頼は，政府支配地域よりも政府再支配地域において高い点である。政府再支配地域は，一度は反体制派が実効支配を確立するのに

成功したことから，市民がそれを支持したり共感的・同情的——あるいは「反アサド的」——であったと想定されやすい。しかし，この結果は，そうした従来のイメージと一致せず，市民はアサド政権による再支配を受け入れやすい傾向を持っていた実態を示している。

　政府再支配地域の市民が，他の地域よりもアサド政権のACMを信頼しやすい原因は，支配者の交代を伴うような激しい紛争を経験した上に，暴力と無秩序が蔓延していたとされる反体制派による実効支配を忌避するようになったことに求められるかもしれない。この分析からは，激しい紛争を経験した政府再支配地域では，他の地域よりもACMの言論統制を受け入れやすい，とする仮説1は支持されたといえる。

　次に，仮説2の治安維持の役割への期待を見ていこう。図2の中央のパネルからわかる通り，クルド人支配地域や政府支配地域では，大多数の市民が「国家が治安維持の役割を果たすべきである」と考えていることがわかる。ただし，クルド人支配地域の場合，「国家」はアサド政権ではなくクルド自治政府を指している可能性が高い。他方，本章が特に着目する政府再支配地域においても，回答者の6割以上がアサド政権による治安維持の役割に期待していることを示す結果となったが，しかしながら，政府支配地域と比較するとその数字は30ポイントほど低くなっており，その結果，仮説2は支持されなかった。

　この結果は，アサド政権が反体制派に軍事的に敗北した経験を持つ政府再支配地域では，市民がその治安維持能力に対して疑義を抱きやすくなるだけでなく，末端の国軍兵士や治安部隊隊員が収奪的・腐敗的な傾向を持っていたからかもしれない。政府再支配地域におけるアサド政権による治安維持については，十分に訓練されていない傭兵集団が用いられたり，反体制派と目された市民に対する残虐行為が行われていたと報じられている（ICG 2022；The Syria Justice and Accountability Centre 2022）。つまり，政府再支配地域の市民は，戦闘の収束や反体制派による実効支配の終焉を歓迎する半面，治安維持にあたるアサド政権を必ずしも支持してい

るわけではなかったと解釈できよう。この結果は，紛争中を通して権威主義的統治から解放されることのなかった市民が，あくまでも相対的にどの支配者を許容できるのかを示したものであり，したがって，アサド政権による治安維持を積極的に支持しているとは解釈できない点が重要である。

　最後に，仮説3にかかわるACMの政治経済的支配の典型である国家のパトロネージ配分，すなわち，仕事の斡旋への期待を見ていこう。図2の右パネルからは，「国家」に最も高い期待が寄せられているのが，クルド人支配地域であることがわかる。しかし，本章の議論でより重要なのは，政府支配地域よりも政府再支配地域において，市民のACMに対する期待がより高いという点である。95%信頼区間が重複していないことからも明らかなように，両者の間には統計的に優位な差があり，政府再支配地域におけるACMの役割への期待は，政府支配地域より約15ポイントも高い結果となっている。紛争を経てもなお，政府再支配地では，一貫して権威主義的統治下にあった政府支配地域に比べて，市民がアサド政権によるパトロネージ配分により大きな期待を寄せている実態が明らかになった。つまり，政府再支配地域ではACMのパトロネージ配分に対してより期待が高まりやすい，とする仮説3は支持されたといえる。

　その原因については，上述のように，アサド政権主導の「戦後復興」が特に政府再支配地域におけるローカルな経済活動の中心を占めたこと，そしてそこでは，紛争前に広がっていたクライエンテリズムのネットワークやインフォーマルな取引・交渉が存続していたことが挙げられよう。

　以上で見てきたように，治安維持という近代国家の基本的な役割については，アサド政権の支配が続いた地域（政府支配地域），つまり，社会秩序の維持が成功した地域でより高い期待を観察できたが，言論統制とパトロネージ配分という権威主義的統治の典型的な特徴への期待については，紛争による支配者の交代を経て，政府が再び支配下に置くようになった地域（政府再支配地域）でより高まるという実態が浮き彫りとなった。

6　非リベラルな国家建設の問題性

　今日，世界の各地で観察されるようになったポスト紛争国における非リベラルな国家建設については，いくつかの事例研究が存在するものの，実証と理論の両面において未開拓のままに置かれてきた。これを受けて近年提唱されるようになったACMの概念は，権威主義的統治の徹底を通した紛争解決・国家建設の試みを地域横断的・理論的に捉え得る可能性を持つものであった。しかし，その分析は，権威主義体制を主体とした政策の分析に終始しており，ACMのメカニズムの解明には至っていなかった。その背景には，権威主義体制下と紛争下という二つの研究上の制約が資料やデータの入手を困難にしている状況があると考えられた。

　以上のような問題関心から，本章では，紛争後にアサド政権による権威主義的統治が再構築されたシリアを取り上げ，独自に実施した世論調査結果を用いることで，市民がどのような条件ならばACMを受け入れやすくなるかについて解明を試みた。その意義は，これまで困難とされてきた資料とデータを入手し，その計量的な分析を通してACMのメカニズムに迫ることで，従来のシリア研究，さらには，ACM研究にそれぞれ新たな事例研究と実証研究を提示する点にあった。そして，こうした作業は，非リベラルな国家建設のさらなる実態解明を推し進めるだけでなく，今日の世界における国家のイメージや内実を問い直すことにつながるものと考えられる。

　非リベラルな国家建設において，市民がどのような条件ならばACMの三つの特徴である言論統制，空間支配，政治経済的支配を受け入れやすいのか。この問いを検証するために，本章では，居住地域による紛争経験の違いが紛争後のアサド政権による非リベラルな国家建設に対する認識の違いを生んだ，という作業仮説を立てた。そして，言論，治安，雇用の三つの分野における国家の役割に対する認識の差が，地域ごとにどのように立

ち現れるのかを分析した。

　本章が導き出した答えは，紛争を経験し，支配者の交代を経て政府の支配が再確立された地域（政府再支配地域）では，紛争を経験せず支配者の交代がなかった地域（政府支配地域）に比べて，ACMの言論統制と政治経済的支配を受け入れやすい，という傾向であった。この二つについては，それぞれ紛争中の暴力と無秩序が蔓延していた反体制派による実効支配に対するアンチテーゼとして，そして，紛争後の実質的な経済活動となったアサド政権主導の「戦後復興」へのコミットメントとして，市民がインセンティヴを見出していたと考えられる。しかし，ACMの空間支配については，同様の傾向に統計的な有意は認められなかった。政府再支配地域の市民がアサド政権による治安維持に必ずしも期待しないのは，国軍兵士や治安部隊隊員が反体制派に軍事的な敗北を喫した経験があることに加え，収奪的・腐敗的な性格を強く持っていたためであろう。

　以上の分析から得られた知見は，従来の研究では必ずしも明らかにされてこなかった，どのような傾向を持つ市民が非リベラルな国家建設を受け入れやすくなるのか，という上述の課題に示唆を与えるものである。ただし，いうまでもなく重要なのは，この課題がACMや非リベラルな国家建設を肯定するために設定されたものではないという点である。本章が議論の前提としたのも，紛争の収束によってアサド政権の「復活」が現実のものとなった結果，少なくとも当面はACMとともに生きていくことを余儀なくされるようになった市民の苦悩である。その意味において，ACMを論じることは，リベラルな国家建設の潜在的な理想論から距離を置きつつも，非リベラルな国家建設の問題性を追求していく作業に他ならない。

付表　基本統計量

Variable	N	Mean	Std. Dev.	Min	Max
Government control	1,500	0.280	0.449	0	1
Government re-control	1,500	0.456	0.498	0	1
Kurd	1,500	0.176	0.381	0	1
Opposition control	1,500	0.088	0.283	0	1
Intensity	1,500	15,044.640	12,334.970	419	37,919
Sex	1,500	0.657	0.475	0	1
Education	1,500	5.725	1.918	1	9
Income	1,500	3.358	1.483	1	9
Age	1,500	42.437	12.409	19	72

注

1）　こうした国家については，「脆弱国家（fragile state）」や「失敗国家（failed state）」といった概念で説明されることが多い。しかし，これらの概念は，失敗や脆弱といった呼称に見られるように，理念的でリベラルな国家にあるべきものがない，という欠陥や欠如を含意している。そのため近年では，理念的ではなく経験的な国家の実証分析を重視する動きが広がっている（遠藤 2015）。

2）　たとえば，平和構築における「ローカル・オーナーシップ」を重視するハイブリッド論（Lee and Özerdem eds. 2015；藤重・上杉 2019：6），中央政府による統治が行き届いていないものの一定の政治秩序が確立された「限定された国家性（limited statehood）」と見なし，そうした地域で営まれる「国家なきガバナンス（governance without state）」に着目する議論（Risse ed. 2013；Risse et al. eds. 2018），フォーマルな国家機構だけでなく，インフォーマルなアクターとの競合や分担を拡大させることで新たな秩序を実現しようとする「ハイブリッド・ガバナンス（hybrid governance）」の議論（Boege et al. 2008）などがある。

3）　ACMのほかに，建設される国家がリベラルか否かにこだわらず，紛争後の市民を取り巻く多様な環境におけるニーズに対応できるかどうかを基準とした「パフォーマンスによる正当性」に着目する議論もある（Dagher 2018）。また，「武装非国家アクターのガバナンス」においても，統治能力に基づく正当性の役割が重要視されている（Felbab-Brown et al. 2018：21-25）。

4）　シリア全土を対象とした計量的な研究として，2017年に独自に実施した世論調査の結果から，シリアの市民が抱く様々なイデオロギーと国家観との関係を分析したものがある（末近 2020）。

5）　ACMの理論面での論点としては，権威主義体制の政府による紛争管理能力の有

無といった内政面，そして，それを左右しうる諸外国との関係といった外交面への注目の必要性が指摘されている（Cheung 2019）。ただし，こうした指摘についても，主体としての権威主義体制に着目した議論の枠を出ていないといえる。

6）　ACMの議論における経緯主義体制による政策への着目は，欧米諸国を中心とした国際社会が非リベラルな国家建設にどのようにアプローチすべきかという問題関心が含まれる（Cheung 2019；Smith et al. 2020；Stokke et al. 2022）。

7）　こうした言論統制の手法は，バッシャール・アサド大統領の父親であるハーフィズ・アサド前大統領の時期に確立されたものであり，それが紛争後に継承された。政府による大統領への人格崇拝のプロパガンダは，日常生活に氾濫することで市民の疲弊と規律化を進め，権威主義体制に対する消極的な支持を生み出していった（Weeden 2015）。

8）　たとえば，2018年4月2日に発布された大統領令（法律第10号）が挙げられる。この大統領令は，地方自治体に対して，紛争後の再開発のために特定地域内の財産を管理・監督する権限を与えるものであった。しかし，土地所有者のなかの反体制派に共感的な住民は，すでに排除・追放されているか，仮に住み続けていたとしても「テロリスト」や「犯罪集団」の関係者として土地を接収される，という強い批判が寄せられた（HRW 2018）。

9）　質問票と調査結果の単純集計については，青山他（2022），Suechika et al.（2022）に公開されている。

10）　本章では，クルド人支配地区における世論調査データが貴重であることや，シリア全体の傾向を測る必要があることなどに鑑み，分析の主たる対象ではないクルド人支配地区のデータを除外せずに含めた。なお，クルド人支配地区のデータを除いた分析でも，本論と類似した結論に至った。

11）　使用したデータセットは，「シリア人権侵害記録センター（The Violations Documentation Center in Syria：VDC）」が作成・公開したものであり，2011年3月18日から2019年2月18日までの紛争を原因とするシリアでの死者数の集計である（https://ghdx.healthdata.org/organizations/violations-documentation-center-syria）。

参考文献

青山弘之（2012）『混迷するシリア——歴史と政治構造から読み解く』岩波書店。

青山弘之（2021）『膠着するシリア——トランプ政権は何をもたらしたか』東京外国語大学出版会。

青山弘之・末近浩太（2009）『現代シリア・レバノンの政治構造』岩波書店。

青山弘之・末近浩太・浜中新吾・髙岡豊・山尾大・錦田愛子・今井宏平・溝渕正季（2022）「「中東世論調査（シリア2021-2022）」単純集計報告」CMEPS-J Series No. 58。

遠藤貢（2015）『崩壊国家と国際安全保障——ソマリアにみる新たな国家像の誕生』有斐閣。

末近浩太（2013）「シリア問題は世界に何を突きつけたのか」『現代思想』41巻17号，183-189頁。

末近浩太（2017）「シリア紛争の（批判的）地政学——「未完の物語」としての「シリア分割」」『現代思想』45巻18号，109-119頁。

末近浩太（2018）「「IS後」のシリア紛争——輻輳する3つの「テロとの戦い」」『国際問題』671号，37-48頁。

末近浩太（2020）「紛争下シリアにおける国家観の拡散——アサド政権の「勝利」を捉え直す」末近浩太・遠藤貢編『紛争が変える国家』岩波書店，24-43頁。

髙岡豊（2012）『現代シリアの部族と政治・社会——ユーフラテス河沿岸地域・ジャジーラ地域の部族の政治・社会的役割分析』三元社。

谷口美代子（2020）『平和構築を支援する——ミンダナオ紛争と平和への道』名古屋大学出版会。

藤重博美・上杉勇司（2019）「ハイブリッドな国家建設——歴史的背景と理論的考察」藤重博美・上杉勇司・古澤嘉朗編『ハイブリッドな国家建設——自由主義と現地重視の狭間で』ナカニシヤ出版，1-20頁。

山尾大（2013）『紛争と国家建設——戦後イラクの再建をめぐるポリティクス』明石書店。

山尾大（2021）『紛争のインパクトをはかる——世論調査と計量テキスト分析からみるイラクの国家と国民の再編』晃洋書房。

Abboud, Samer (2020) "Reconciling Fighters, Settling Civilians: The Making of Post-Conflict Citizenship in Syria," *Citizenship Studies*, 24(6): 751-768.

Abboud, Samer (2021a) "Imaging Localism in Post-Conflict Syria: Prefigurative Reconstruction Plans and the Clash between Liberal Epistemology and Illiberal Conflict," *Journal of Intervention and Statebuilding*, 15(4): 543-561.

Abboud, Samer (2021b) "Making Peace to Sustain War: the Astana Process and Syria's Illiberal Peace," *Peacebuilding*, 9(3): 326-343.

Berti, Banedetta (2020) "From Cooperation to Competition: Localization, Militarization and Rebel Co-Governance Arrangements in Syria," *Studies in Conflict and Terrorism*. DOI：10.1080/1057610X.2020.1776964

Boege, Volker, Anne Brown, Kevin Clements, and Anna Nolan (2008) *On Hybrid Political Order and Emerging States : State Formation in the Context of 'Fragility'*. Berlin：Berghof Foundation.

Cheung, Harold (2019) "The Rise of Illiberal Peacebuilding and Authoritarian Modes of Conflict Management," *The Cornell International Affairs Review*, 13：4-41.

Cimino, Matthieu (ed.) (2020) *Syria : Borders, Boundaries, and the State*. London：Palgrave Macmillan.

Costantini, Irene and Ruth Hanau Santini (2022) "Power Mediators and the 'Illiberal Peace' Momentum：Ending Wars in Libya and Syria," *Third World Quarterly*, 43(1)：131-147.

Dagher, Ruby (2018) "Legitimacy and Post-Conflict State-Building：The Undervalued Role of Performance Legitimacy," *Conflict, Security and Development*, 19 (2)：85-111.

Dagher, Sami (2019a) *Assad or We Burn the Country : How One Family's Lust for Power Destroyed Syria*. New York：Little, Brown and Company.

Dagher, Sami (2019b) "Syria's New Assad Statues Send a Sinister Message：'We Are Back'," *The Atlantic*, June 7.

Dodge, Toby (2021) "Afghanistan and the Failure of Liberal Peacebuilding," *Survival*, 63：47-58.

Donati, Caroline (2013) "The Economics of Authoritarian Upgrading in Syria：Liberalization and the Reconfiguration of Economic Networks," in Steven Heydemann and Reinoud Leenders (eds.), *Middle East Authoritarianisms : Governance, Contestation, and Resilience in Syria and Iran*, pp. 35-60. Stanford, CA：Stanford University Press.

Dukhan, Haian (2018) *State and Tribes in Syria : Informal Alliances and Conflict Patterns*. London：Routledge.

Felbab-Brown, Vanda, Harold Trinkunas, and Shadi Hamid (2018) *Militants, Criminals, and Warlords : The Challenge of Local Governance in an Age of Disorder*. Washington D. C.：Brookings Institution Press.

Haddad, Bassam (2012) *Business Networks in Syria : The Political Economy of Authoritarian Resilience*. Stanford, CA：Stanford University Press.

Hameiri, Shaher（2011）"A Reality Check for the Critique of Liberal Peace," in Susanna Campbell, David Chandler and Meera Sabaratnam（eds.）, *A Liberal Peace? The Problems and Practices of Peacebuilding*, pp. 191-208. London：Zed Books.

Heydemann, Steven（2018a）"Reconstructing Authoritarianism：The Politics and Political Economy of Postconflict Reconstruction in Syria," in Project on Middle East Political Science（POMEPS）（ed.）, *The Politics of Post-Conflict Reconstruction*, POMEPS Studies 30, pp. 14-21. Washington D. C.：Carnegie Middle East Center.

Heydemann, Steven（2018b）*Beyond Fragility : Syria and the Challenges of Reconstruction in Fierce States*. Washington D. C.：Brookings.

Hinnebusch, Raymond A.（2001）*Syria : Revolution from Above*. London：Routledge.

HRW（Human Rights Watch）（2018）"Q&A：Syria's New Property Law," *Human Rights Watch*, May 29.

ICG（International Crisis Group）（2022）*Syria : Ruling over Aleppo's Ruins*. Middle East and North Africa Report No. 234. Brussels and Amman：International Crisis Group.

Keen, Michael（2021）"Assessing Authoritarian Conflict Management in the Middle East and Central Asia," *Conflict, Security and Development*, 21（3）：245-271.

Lee, Sung Yong and Alpaslan Özerdem（eds.）（2015）*Local Ownership in International Peacebuilding : Key Theoretical and Practical Issues*. London：Routledge.

Lewis, David（2022）"Contesting Liberal Peace：Russia's Emerging Model of Conflict Management," *International Affairs* 98（2）：653-673.

Lewis, David, John Heathershaw, and Nick Megoran（2018）"Illiberal Peace? Authoritarian Modes of Conflict Management," *Cooperation and Conflict*, 53（6）：486-506.

Mac Ginty, Roger（2010）"Hybrid Peace：The Interaction between Top-Down and Bottom-Up Peace," *Security Dialogue*, 41（4）：391-412.

Matar, Linda（2016）*The Political Economy of Investment in Syria*. Basingstoke：Palgrave Macmillan.

Mazur, Kevin（2021）*Revolution in Syria : Identity, Networks, and Repressions*. Cambridge：Cambridge University Press.

Meininghaus, Esther (2016) "Humanitarianism in Intra-State Conflict : Aid Inequality and Local Governance in Government- and Opposition-Controlled Areas in the Syrian War," *Third World Quarterly*, 37(8) : 1454-1482.

Oliveira, Ricard Soares de (2011) "Illiberal Peacebuilding in Angola," *Journal of Modern African Studies*, 49(2) : 287-314.

Paris, Roland (2004) *At War's End : Building Peace After Civil Conflict*. Cambridge : Cambridge University Press.

Phillips, David L. (2020) *Frontline Syria : From Revolution to Proxy War*. London : I.B. Tauris.

Richmond, Oliver P. (2009) "A Post-Liberal Peace : Eirenism and the Everyday," *Review of International Studies*, 35(3) : 557-580.

Richmond, Oliver P. (2014) *Failed Statebuilding : Intervention, the State, and the Dynamics of Peace Formation*. New Haven : Yale University Press.

Risse, Thomas (ed.) (2013) *Governance without a State? : Policies and Politics in Areas of Limited Statehood*. New York : Columbia University Press.

Risse, Thomas, Tanja A. Börzel, and Anke Draude (eds.) (2018) *The Oxford Handbook of Governance and Limited Statehood*. Oxford : Oxford University Press.

Rubin, Barnett R. (2006) "Peace Building and State-Building in Afghanistan : Constructing Sovereignty for Whose Security?," *Third World Quarterly*, 27(1) : 175-185.

Smith, Claire Q., Lars Waldorf, Rajesh Venugopal, and Gerard McCarthy (2020) "Illiberal Peace-Building in Asia : A Comparative Overview," *Conflict, Security, and Development*, 20(1) : 1-14.

Sosnowski, Marika (2018) "Violence and Order : The February 2016 Cease-fire and the Development of Rebel Governance Institutions in Southern Syria," *Civil Wars*, 20(3) : 309-332.

Sosnowski, Marika (2020) "Negotiating Statehood through Ceasefires : Syria' s De-escalation Zones," *Small Wars and Insurgencies*, 31(7-8) : 1395-1414.

Stokke, Kristian, Klo Kwe Moo Kham, Nang K.L. Nge, and Silje Hvilsom Kvanvik (2022) "Illiberal Peacebuilding in a Hybrid Regime : Authoritarian Strategies for Conflict Containment in Myanmar," *Political Geography*, 93 : 1-14.

Suechika, Kota, Hiroyuki Aoyama, and Yusaku Yoneda (2022) "2021 Opinion Poll in

Syria : Sampling Method and Descriptive Statistics," "Relational Studies on Global Crises," Online Paper Series No. 15, Research Report No. 8, October 31, 2022, 65pp.

The Syria Justice and Accountability Centre（2022）*The State of Justice in Syria*. March 2022. Washington D. C. : The Syria Justice and Accountability Centre.

Weeden, Lisa（2015）*Ambiguities of Domination : Politics, Rhetoric, and Symbols in Contemporary Syria*. With New Preface. Chicago : University of Chicago Press.

Weeden, Lisa （2019）*Authoritarian Apprehensions : Ideology, Judgment, and Mourning in Syria*. Chicago : University of Chicago Press.

Wilde, Ralph（2007）"Colonialism Redux? Territorial Administration by International Organizations, Colonial Echoes and the Legitimacy of the 'International'," in Aidan Hehir and Neil Robinson （eds.）, *State-Building : Theory and Practic*, pp.29-49. London : Routledge.

（すえちか・こうた：立命館大学／やまお・だい：九州大学）

ミンダナオ和平における政軍関係と第三者関与
——分離独立紛争における国軍の和平妨害・抑制要因の検討——

谷口美代子［宮崎公立大学］

1 和平の規定要因としての政軍関係

　フィリピン南部に位置するミンダナオでは，国内少数派であるムスリムの不満を背景に，1960年代後半からモロ民族解放戦線（MNLF）が分離独立闘争を本格化した。1976年には政府とMNLFとの間で和平合意が締結されたものの，政府側の合意不履行などから紛争が再燃した。1986年，人民革命によって民主主義体制に移行したことから和平交渉が進展し，1996年に最終和平合意が締結された。続く，エストラーダ，アロヨ両政権では，MNLFから分派したモロ・イスラーム解放戦線（MILF）と和平交渉を行う一方で軍事作戦を展開し，和平は一進一退の状況が継続した。

　こうした中，和平が進展したのは，ベニグノ・アキノⅢ（以下，アキノⅢ）とドゥテルテ両政権下である。具体的には，アキノⅢ政権下では，2014年に包括的和平合意が締結され，続く，ドゥテルテ政権下では，新たな自治地域とMILF主導の暫定自治政府（BTA）が設立された。暫定統治は2025年に実施される選挙後に，新自治政府設立をもって終了する一方，政府とMILFの和平プロセスは，2014年包括的和平合意の完全履行を両者が合意することをもって完了する予定である。[1]

　長期化した和平プロセスにおいて注目すべきは，各政権の和平政策の変化である。フィリピンでは独立後から現在に至るまで共産主義勢力，イスラーム系反政府武装勢力（MNLF，MILF），イスラーム系過激派（アブ・

サヤフグループ，バンサモロ自由戦士，マウテ・グループ）など，多様な反乱軍（insurgent）を抱えている。そのため，政府は多くの財源と兵力を国内治安対策に配分してきた。その中でもイスラーム系反政府勢力に対して各政権は，政権発足当初，平和的解決を模索するが，その後，軍事作戦を実行するか否かは政権によって分かれる。

　こうした状況を踏まえ，本稿の目的は，政軍関係に着目し，和平の前進／後退に影響を与える要因を検討することである。これまで紛争解決研究では，和平交渉における第三者の有効性についてはすでに議論されてきたが，政軍関係が和平に与える影響については十分検討されていない。発展途上国では文民統制が必ずしも効いていないことから，政府が平和的解決を志向しても軍部による軍事行動を抑制できないことがあるが，これまでの研究ではこの点が看過されてきた。したがって，本稿では，世界でも最も長期化・複雑化した分離独立紛争の一つであるミンダナオを事例とし，和平における政軍関係を捉え直すことによって，和平促進のための新たな条件を提示する。

　本稿の構成は次の通りである。まず，分離独立紛争における和平と政軍関係に関する先行研究の批判的考察を行ったうえで，問題点を指摘し，和平推進のための条件を仮説として提示する。続いて，MILFの和平プロセスが実質的に開始されたエストラーダ政権（1998-2001年）からアロヨ政権（2001-2010年），アキノⅢ政権（2010-2016年），ドゥテルテ政権（2016-2022年）までを対象とし，大統領の政治資本を背景とした各政権下での政軍関係と和平プロセスにおける第三者の関与とが和平の前進／後退とどのような関係にあるのかを検討する。最後に，すべての検証結果をもとに，分離独立紛争に対する和平促進のための条件を提示し，今後の課題を指摘したうえで結語とする。

2　先行研究の批判的考察
——分離独立紛争における和平と政軍関係——

　政軍関係に着目して分離独立紛争に対する和平の前進／後退を論じる議論は多くはない。これまでの政軍関係研究では，軍の主たる任務によって軍の政治介入が規定されると論じている。ハンティントンは，軍がその主たる任務を対外防衛とすれば，軍事的プロフェッショナリズムに基づき専門性を高めるために国内政治への介入が低減される一方で，逆に国内治安維持を主たる任務とすれば政治介入を誘因すると論じる（Huntington 1957）。

　これに対して，ステパンはラテンアメリカの国を事例とし，発展途上国では軍の主たる任務が国内治安維持だけでなく，対反乱作戦にみられるように政治，経済，社会などの非軍事分野に及ぶことが軍の役割と政治介入を強化し，政軍関係を不安定化させると主張する（Stepan 1988）。一方，デシュは，国家が直面する脅威と政軍関係に着目し，対外脅威が高い場合には軍は脅威に対抗するために外向きとなって一致団結するのに対し，国内脅威が高い場合には内向きになり，軍を利用したい政治家や派閥が増加するために政府は分裂・弱体化し，軍の影響力が高まると論じる（Desch 2000）。

　シフは，こうした政府（政治エリート）と軍を明確に区別する枠組みでは非欧米諸国の実態を把握できないという問題意識から，政府と軍に市民を加えた三者間で軍の役割について合意があり，三者による積極的な関与があれば軍の政治介入は生じないとし，従来の政軍関係を捉え直す「調和理論（concordance theory）」を提唱した（Schiff 2009）。この理論と同様に，増原は，民主化後のインドネシアを事例とし，対外的・対内的脅威に対して軍・政治指導者・国民の間で脅威認識の一致がある場合に軍の政治介入が抑制され，政軍関係が安定したことを示した（増原 2016）。

　他方，分離独立運動を対象に，政軍関係が和平の前進／後退にどのように影響しているかを論じている先行研究は限定的である。その中でも，増原は，1990年代後半からインドネシア各地で再燃した分離独立紛争に対して，大統領と軍部高官との個人的な関係性に基づいた政軍関係とその不安定化（軍内部の党派化）が和平の阻害要因となったことを指摘した（増原 2019）。具体的には，ワヒド大統領は，アチェ，パプアでの分離独立運動に対し平和的解決を探り，人事権を使って軍を統制しようとしたことで軍内部の反発を招いた一方，軍高官と親交が深いメガワティ大統領は，国軍の意向に従い軍事作戦を決行したとする。これらは，分離独立運動への対応に軍部の意向が反映された事例である。

　他方，ヘルナンデスは，フィリピンの事例から，1998年にエストラーダ大統領がMILFに対して軍事作戦を実行したのは，国軍や国防省の幹部が大統領や国家安全保障会議のメンバーに働きかけたためであると指摘した（Hernandez 2005）。2001年の人民革命で，軍部はエストラーダ大統領の支持を撤回することで，軍部の政治的影響力を決定づけた。さらに，アロヨ政権期になると，軍部は選挙操作への関与や反体制派の弾圧などにより政権維持への忠誠を示し，その見返りに大統領から高官ポストなどの報酬を得るという政軍関係を生み出した。しかしながら，これらの先行研究では，政軍関係が和平の阻害要因となったことを論じるにとどまっており，政軍関係がどういう条件の下で和平の促進要因となりうるのかについては明らかにしていない。

　ラクスマナは，アチェの事例をもとに，政府と分離独立勢力（GAM）との和平成立の条件を提示するために，第三者関与に政軍関係を加えて検討している（Laksmana 2013）。その結果，2003年以降のユドヨノ政権下では，政軍関係の安定性（調和）と当事者から信頼性の高い第三者[4]による関与の強さが国軍の政治介入を抑制し，和平を前進させたことが明らかになった。これは，政府と国軍の間での軍の役割に対する合意が，仲介者に和平推進のための政治的空間を与えたためであると説明している。しかし

ながらこの議論は，シフの調和理論を用いながらも政府と軍の二者間の関係にとどまっており，市民を加えた三者間の関係については論じていない。

　ミンダナオ和平の先行研究では，2010年代以降の和平の促進要因として，①当事者が信頼できる第三者の関与（Özerdem 2012；Franco 2013；Rood 2016；Taniguchi 2022, 2023），②大統領の政治的意思と政治資本（Holmes 2018；谷口 2020；Taniguchi 2019）などが提示されている。前者では，第三者関与がコミットメント問題（Fearon 1998, 2004）を解消し，和平合意の実行性を高めるとする一方，後者では，国民の関心の低いミンダナオ和平を推進するためには，大統領が行政や議会に影響力を及ぼすことができる政治資本が不可欠とする。しかし，これらの研究では，和平の妨害者[5]（Stedman 1997；Stedman, et al. 2002）としての軍部の軍事作戦（和平妨害）がどのような条件の下で抑制され，また，どのような政軍関係が和平の促進要因となるのかが明らかではない。

　政府の正統性の根拠を世論に依存する民主国家，特に発展途上国では，国内秩序維持の失敗による政権の正統性低下は軍に政治介入の機会を与え，政軍関係を不安定化する（Chatterjee 2022）。フィリピンでは，民主化後，軍の介入主義的志向が強く，一部将校は軍が文民政府の正統性を判断する権利を有していると自認し，大統領の支持率低下を軍の政治介入[6]への国民の支持とみなす（Hernandez 2007）。この主張に従えば，逆説的に，国民の政権支持を根拠とした政府の正統性の高さが和平への促進要因となるという仮説も成り立つ。換言すれば，軍からみた政府と市民の関係は，政治介入や軍事行動の規定要因となりうる。

　以上の先行研究の批判的考察をもとに，本稿では，エストラーダ期からドゥテルテ政権期までを対象に，政軍関係と第三者関与が和平の前進／後退に与えた影響を検討する。すなわち，和平促進のための条件（変数）として，これまで指摘されてきた，①当事者が信頼できる第三者の関与，②政軍関係の安定性に，③大統領の平和的解決への政治的意思と政治資本（代理変数＝国民支持率），④政府・軍・市民の三者間関係の安定を新たに

提起する。そのために，本稿では，「政治資本（正統性）が高いと軍の政治介入と軍事行動を抑制し，政府・軍・市民の三者間の関係が安定するために，和平交渉に第三者が関与する政治的空間を与え，当事者が信頼できる第三者の関与によって和平が促進される」との仮説に基づき，その実証を試みる。ここで示す政治的空間とは，対話による合意形成の機会拡大と合意の実効性を高めることとする。

　上記の仮説検証を明確に行うために，和平の前進／後退の基準を示しておく。和平の「前進」とは，フィリピン政府とMILF間の「停戦合意」「和平合意」「（和平合意を具現化するための）基本法制定」「（住民投票による）自治領域設立」「暫定自治政府設立」とする。すなわち，和平交渉の継続・再開は「前進」とはみなさない。他方，「後退」は，「停戦合意の破棄（＝軍による軍事行動）」，「（枠組み合意を含む）和平合意の破棄」もしくは「（交渉当事者での合意後の）和平合意の無効化」とする。

3　エストラーダ・アロヨ政権期での和平後退・停滞

（1）　政軍関係──エストラーダ政権期（1998-2001年）

　エストラーダ政権下での政・軍・市民関係は，大統領の低い支持率（図1）を背景に不安定だったといえる。前政権下では，100人近い大統領に忠実な現役・退役将校を軍，政府，政府系企業の要職に任命することで政軍関係を安定させた。エストラーダ大統領は，前政権下で冷遇された将校を優遇して要職を与えたが，その数を28人に削減したため，大統領の軍部への影響力は弱まりつつあった（McCoy 1999：301）。他方，エストラーダ大統領の政敵であるアロヨ副大統領は，国軍と警察など治安当局の要人との関係を強化していった。

　こうした状況の下，エストラーダ大統領は，就任前からMILF議長とも接触を図り，就任当初，半年以内にミンダナオ問題を解決すると公言し，実際，1998年8月にはMILFとの和平交渉の枠組みが合意され，和平を推

図1 フィリピン大統領への支持率とミンダナオ紛争・和平に関する主な出来事

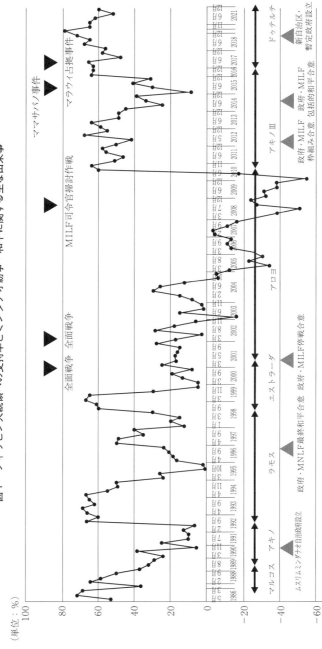

（単位：%）

注：上記は純支持率（支持率−不支持率）で示している。
出典：Social Weather Station（支持率）をもとに筆者作成。

進していくものと思われた。しかしながら，1999年以降，次々に発覚する大統領と親族の汚職・収賄に対する厳しい批判などから大統領の支持率は低下し[7]，結果として政権の正統性の低下につながった。このことが，軍部の軍事行動の誘因になり，和平交渉の枠組みが合意されて以降も，軍事行動（戦闘）―停戦―停戦破棄を繰り返し，政・軍・市民の三者間の関係は不安定化した。

　こうした中，2000年3月，レイエス参謀総長の下，国軍によるMILFに対する「全面戦争（All out War)[8]」が開始された。当時，双方による度重なる停戦違反によって，軍事的対決姿勢は高まっていた。特に1990年以降，米軍の撤退や共産主義勢力（新人民軍）の脅威低下にともない影響力が低下していた国軍は，大統領や国家安全保障会議のメンバーに対して強硬路線に転換するように働きかけた（Hernandez 2005)。すなわち，全面戦争は，大統領の不正行為の隠蔽と政権維持，軍部の影響力拡大という双方の思惑が一致した結果，発生したものである。

　国軍による大規模な軍事行動によって，MILFの主要な軍事基地は段階的に陥落し，同年7月，国軍はMILFの軍事拠点であるアブ・バカル基地を占拠することに成功した。1970年代以来，最も激しい戦闘とされるこの戦争は，2000年だけで約77万人の国内避難民を出し（NRC 2005)，一般住民の生活に多大な影響を及ぼした。

　大統領はMILFへの軍事的対抗姿勢を強めることで支持率を一時期回復したが，MILF軍事拠点の陥落後も戦闘は継続し，泥沼化する兆しをみせると，カトリック教会，野党政治家，左派，市民団体は公然とエストラーダ批判を開始した。特に，社会的・政治的影響力をもつマニラ大司教ハイメ・シン枢機卿らによるミンダナオの平和的解決への呼びかけは，キリスト教徒が多数を占めるフィリピン社会に一石を投じた。最終的には，2001年の人民革命でレイエス参謀総長が大統領不支持を表明したことが決定打となり，大統領は退陣に追いこまれた。これによって，次期政権で軍部は政治介入を強めることになる。

（2）　政軍関係——アロヨ政権期（2001-2010年）

　政変に決定的な影響力を及ぼした軍部が政治的な影響力を強める一方，政権前半では選挙を経ない形での大統領就任と，2004年大統領選挙をめぐる不正疑惑などから正統性に疑義が生じ，アロヨ大統領への支持率は歴代大統領のそれと比べても一貫して低い水準であった（図1）。こうした大統領の正統性の欠如が軍部の政治介入や軍事行動の促進要因となり，政・軍・市民関係は一層不安定性を増していった。具体的には以下の通りである。

　政軍関係は，正統性（支持率）の低い政権を支える装置となり，アロヨ政権は軍部の特定党派に軍内部の統制を依存していた（山根 2014）。このことが，国軍内部での党派化を促進し，逆にクーデター未遂につながるという悪循環を生み出した。実際，2003年，2006年，2007年には，国軍内部で亀裂が生じ，同政権に不満を持つ兵士が反乱（クーデター未遂）を起こすなど，政権基盤は一貫して不安定だった。

　アロヨ大統領は，政権維持のために国軍上層部（特に士官学校1978年同期生）と結託し，2004年の大統領選挙で軍部が選挙操作に関与した見返りに国軍上層部に要職を与え，非常事態宣言発令などの強硬的手段によって事態収拾を試みた（Tuazon 2006）。アルガイとクラトは，「フィリピンの選挙では，一部の軍人が選挙不正に関与することが常態化していたが，2004年の選挙では，国軍上層部や将校が組織的に選挙不正に関与していた」（Arugay and Curato 2010：21）と指摘している。大統領は，忠誠への報酬として，任期中に11人の将校を国軍の参謀総長に任命し，国軍は組織的に汚職の度合いを強めた。フィリピンでは，軍部の政治化につながる「回転ドア政策」（Heiduk 2015）と呼ばれる頻繁な人事（特に参謀総長ポスト）と国軍上層部への利権付与は，民主化後も慣例化している。

　この間，国軍の関与が疑われる「超法規的殺人」と呼ばれる左翼系市民活動家やジャーナリストを標的にした殺害及び失踪事件が増加し，国際社会からも人権問題として批判されたが，政権が軍部の「組織としての利

益」（cf. Nordlinger 1976）を保護する形で軍部に対する不刑罰が浸透した（Parreno 2011）。

　アロヨ大統領と国軍上層部の結託とミンダナオ紛争との関係は，2009年に発生したマギンダナオ虐殺事件[11]から説明できる。この事件は，表面上はムスリム有力氏族間のマギンダナオ州知事選挙（2007年）をめぐっての政治的暴力である。しかし，実質的には，2004年の大統領選でアロヨ大統領が軍部と結託し，集票能力の高いアンパトゥアン氏族を利用して選挙不正[12]を行ったことを端緒とする。軍部への依存を強めるアロヨ大統領は，ムスリム・ミンダナオ自治地域内での軍事力強化を画策し，MILFと対立関係にあるアンパトゥアン氏族と手を組み，準軍事組織の武装合法化によって同氏族の私兵団の増強と不刑罰を黙認していった。このように，この虐殺事件は，アロヨ大統領の政権維持をめぐっての軍部とムスリム有力氏族（軍閥）との関係強化の帰結として発生したのである（谷口 2020）。

　軍部に政権維持を支えられていたアロヨ大統領は，ミンダナオ和平に対しても軍部の軍事行動を制御できない状態にあった。人民革命により誕生したアロヨ政権は，和平を願う市民社会，特に人民革命の立役者となったキリスト教会に後押しされ，当初から和平方針を掲げ，膠着状態にあったMILFとの和平交渉を再開したものの，国軍（レイエス国防相）に押し切られ，2003年，北コタバト州にあるMILFの軍事基地（ブリオク）に軍事作戦を展開した。以後，MILFの犯行と見せかけた国軍が関与した爆弾テロ事件が頻発化した。[13] アロヨ大統領の国軍への統制が弱まる中，国軍とMILFとの軍事衝突も激化し，実質的な和平交渉は暗礁に乗り上げた。このように，軍の政治介入が大統領の正統性の欠如によって強化され，政・軍・市民関係が不安定化していったことが確認できる。

（3）　和平プロセスにおける第三者関与

　エストラーダ政権下では，1998年 8 月，和平交渉の枠組みが合意されたが，同年10月には停戦が破棄され，大規模な戦闘に発展した。両側の停戦

監視団の介入によって翌年戦闘は一旦終結したが，2000年には政府側が全面戦争を開始した。こうした情勢を踏まえて，イスラーム諸国会議（OIC）とその加盟国，特にマレーシア，リビアは政府側に停戦交渉を働きかけたが，政府側はこれに応じることはなかった。

　第三者による和平調停が開始されたのは，アロヨ政権期以降である。アロヨ大統領は就任当初から和平政策を打ち出し，停戦合意を復活させ交渉再開を試みた。他方，MILF側は政府への不信感から第三者（OICもしくはOIC加盟国）を和平交渉の仲介役とすることを交渉再開の条件のひとつとして提示し，これを政府が受け入れた形で，双方の合意のもとでマレーシアが仲介役を務めることとなった（Bacani 2005）。

　マレーシアは，後退と前進を繰り返す和平プロセスにおいて両者を交渉の席に着かせる重要な役割を担ってきた（Shea 2017）。しかし，フィリピンと国境問題を抱え，MILF寄りとされるマレーシアが仲介役を果たすことに対しては，政府側から国益が損なわれる，交渉の中立性・公平性に欠けるなどの批判があった（Apandi et al. 2018；Rood 2016；Franco 2013）。しかし，実際の交渉過程でこうした批判が高まるのは，仲介役の個人の資質によるところが大きい（cf. Svensson and Lundgren 2015）。仲介役のダトゥ・オスマン・アブドゥル・ラザック氏（2002-2011年）には政府側からの不満が大きく，政府側がマレーシア政府に仲介役の交代を要請したことが交渉の遅延につながった（Apandi et al. 2018）。

　アロヨ政権期では，和平交渉の停滞を打開するために，MILFの交渉再開の条件を満たす必要から，第三者の役割と関与を漸進的に拡大していった（Taniguchi 2022）。具体的には，2003年と2008年の国軍による軍事作戦後の対応である。上述の通り，国軍は2003年にテロリスト追跡のために停戦合意を破棄して，MILFの軍事拠点に軍事行動を開始した。その後，MILFからの要請に基づき政府が2004年，マレーシア，リビア，ブルネイから構成されるミンダナオ国際監視団（IMT）を設置したことから，両者の軍事衝突は激減した。実際，国軍とMILFとの軍事衝突は，2002年に

は698件だったが，翌年には569件，2007年には7件と激減した。[17]

　他方，2008年に和平の枠組み合意が調印式直前に[18]，両者間で合意していた内容に対して一部国会議員から異議申し立てがあったため，最高裁判所が合意調印の一時差し止め命令を発令し，後に違憲判決を下したことから武力衝突が拡大し，和平交渉は暗礁に乗り上げた。この状況を打開するために，スイスに本部を置く和平調停の専門機関である人道対話センター（CHD）は，MILFの要請によって当事者と調整を図った。その結果，和平プロセスへの国際支援の促進と当事者間の信頼醸成，合意内容の履行促進を目的として，和平交渉の場に外国政府（日本，イギリス，トルコ，サウジアラビア）や国際・国内非政府組織（NGO）[19]がオブザーバーとして参加する国際コンタクト・グループ（ICG）が設置された。こうした第三者による働きかけによって，2009年7月，大統領から国軍への攻撃停止命令，予備交渉，国際社会の参加を伴う和平交渉の再開までこぎつけたが，政権のレイムダック化などにより実質的な成果はなかった。

（4）　エストラーダ政権・アロヨ政権期での仮説検証の結果

　エストラーダ政権・アロヨ政権では，両大統領の政治資本が低かったことから，軍部の政治介入を招いただけでなく，米軍撤退と共産主義勢力の脅威低下により低下していた影響力を拡大したい，軍部の軍事行動を抑制することができなくなっていった。結果として両大統領は，就任当初から和平政策を試みるものの，後に国軍による大規模な軍事作戦に転じることを余儀なくされた。

　アロヨ大統領は，政変に決定的役割を果たした軍部の特定党派に依存していたため，軍事行動に対する市民の反対がありながらも，軍部による政治介入と（MILFへの）軍事行動を許容せざるを得なくなり，政・軍・市民の関係はより一層不安定化した。こうした状況を打開するために，アロヨ大統領は和平交渉や治安維持への第三者の関与を開始したが，政・軍・市民の関係が不安定な中で，一貫した政治的空間を生み出すことはできな

かった。結果的には，大統領自身の政治資本の不足から，すでに両者間で
承認していた和平合意が最高裁判所の判決によって無効となり，これに
よってアロヨ大統領は，再度軍部の軍事行動を許容せざるを得なくなり，
最終的に和平は後退した。

4　アキノⅢ・ドゥテルテ政権期での和平前進・促進

（1）　政軍関係──アキノⅢ政権期（2010-2016年）

「改革」を掲げて当選したアキノⅢ大統領は，歴代政権の中でも最も高
い支持率（図1）を維持したことで，軍部の政治介入と軍事行動を抑制し，
市民社会を取り込んで治安セクター改革を実施したことで政・軍・市民の
間で軍の役割に対する合意を形成し，結果的に，三者間の関係を安定させ
た。具体的には以下の通りである。

　アキノⅢ大統領は，コラソン・アキノ元大統領の側近を軍の要職に登用
し，軍部の政治介入からの脱却を図ろうとした。前政権下で政権維持のた
めに軍部を集票マシーンとした政軍関係を見直し，国軍の信頼回復に努め
ることを明言し，政治化したバンギット参謀総長をはじめとする上層部を
刷新した。中でも，ガスミン国防長官とダビッド参謀総長は，コラソン・
アキノ政権下で大統領警備部隊に所属し，7回のクーデター未遂から大統
領を守った軍人で，アキノ家に強い忠誠心を持っていたことで知られる。
実際，同政権下では，軍事クーデターおよび未遂，MILFへの軍事行動は
発生しなかった。

　他方，同大統領は，前政権下での軍部の反乱者に対して恩赦を与え，こ
れまでの「回転ドア政策」を踏襲することで政軍関係を安定させようとし
た。実際，6年間の任期中に6人の参謀総長が任命された。就任直後の
2010年には大統領令で，アロヨ政権下で反乱に関与した兵士への恩赦を与
えた。これにより，70人以上が恩赦を申請し承認された。この中には，コ
ラソン・アキノ政権でクーデターに関与し，ラモス大統領によって恩赦を

与えられ，その後の反乱に加わった将校も含まれている。

　こうした中，アキノⅢ大統領は，フィリピンを取り巻く国家安全保障上の脅威認識の変化に呼応して安全保障政策を修正し，国軍の任務も従来の国内治安維持から本来の対外防衛に転換しようと試みた（De Castro 2017；伊藤 2019）。具体的には，①2012年国家近代化法の制定，②軍事予算の大幅増額，③海洋領土防衛のための部隊再編と国内治安維持の兵力・財源の再配分などである。従来の国内反乱鎮静作戦によって財源不足が深刻化する中，アキノⅢ大統領は，国軍近代化とテロ対策への膨大な資金需要から米比間の関係強化に転じた。すなわち，文民政府と軍部との間で対外的な脅威認識を共有することで，国内反乱軍に対しては交渉と軍事制圧という 2 つの手法で国内治安維持を図ろうとしたのである。こうした状況からも，アキノⅢ政権では，国家安全保障上，MILFに対しては和平へのインセンティブが高かったといえる。

　さらに，市民社会との協力関係を重視し，リベラルな改革を推進するアキノⅢ大統領の下では，国際的な治安セクター改革の拡大ともあいまって，軍と市民社会との協働が進展した。国軍が策定した「国内平和治安計画（2011-2016年）」では，市民主導の平和の取り組みに対して，軍が「人間中心的アプローチ」から支援任務を遂行することなどが規定されている。この計画を制度化するために，150以上の市民社会組織が「共同監視（Bantay Bayanihan）」のためのフォーラムを設立した。これは，「全国民型アプローチ（Whole of Nation Approach）」とも呼ばれ，市民社会組織，研究機関，政府機関，国家安全保障会議，国家警察，国軍など平和や治安の関係者に対話の場を提供し，独立した監視機関としての役割を担うものである（Leguro and Sanguila 2015）。

　この計画では，国内に存在する多様な「武装集団（Armed Thread Groups）」に対して異なる戦略を採用することが示されている。たとえば，アブ・サヤフグループなどのテロ集団に対しては「軍事制圧」であるのに対して，MILFに対しては「交渉による政治解決」をすることが明記され

ている。ミンダナオ各地にもフォーラムが設立され，この計画の履行状況
を監視するメカニズムが設置され，軍によるMILFに対する軍事行動が抑
制された。こうした民軍関係の構築・強化は，政府・軍・市民の三者間の
軍の役割に対する合意によって政軍関係の安定化にもつながった。

（2）　政軍関係──ドゥテルテ政権期（2016-2022年）

　ドゥテルテ大統領は，任期中，アキノⅢ前大統領を上回るほどの高い支
持率（図1）を維持することで，軍部の政治介入と（MILFに対する）軍
事行動を抑制した一方，イスラーム系過激派に対する国家安全保障上の脅
威と軍の役割を政・軍・市民と共有することで，三者間の関係を安定させ
た。具体的には以下の通りである。

　ドゥテルテ政権下では，軍部の政治介入と非伝統的分野での役割は拡大
したが，クーデター耐性という意味で政軍関係は安定していた。長年にわ
たり，ミンダナオ・ダバオ市を拠点とする地方政治家であり，中央政界に
支持基盤を持たないドゥテルテ大統領は，軍を掌握するために，アロヨ元
大統領との関係強化によってその人脈を活用し，組織の利益を保護・拡大
するための対策を実行した。その対策には，①ミンダナオ出身あるいは任
務経験がある退役軍人の非治安部門への登用[20]，②国軍と国家警察を含む治
安関連省庁の職員への給与倍増[21]，③人権侵害に対する不刑罰[22]などが含まれ
る。こうしてドゥテルテ大統領は政軍関係を安定化し，政権基盤を固めて
いった（Zamor and Tubeza 2017）。

　ムスリムの期待を背負ったミンダナオ出身のドゥテルテ大統領は，就任
当初からミンダナオ和平の推進を掲げ，任期期間中，一貫して対話路線を
とることで，軍部の（MILFに対する）軍事行動を抑制した。2017年5月
に発生したイスラーム系過激派によるマラウィ占拠事件[23]の際，ムスリムに
対する厳しい国内世論を意識し，同大統領は，「バンサモロ自治政府設立
（和平前進）[24]はフィリピンにおけるISIS系過激派浸透の砦となりえる」と
いう新たな言説を生み出し，MILFとISIS系過激派を明確に区別し，「ISIS

系過激派対策＝ミンダナオ和平」の相互不可分性を示し，国家安全保障上の脅威と軍の役割について政・軍・市民との間での合意を形成した（谷口2020）。

　さらに，ドゥテゥルテ大統領はMILFに対して，国軍と共同で平和回廊を設置し，一般住民の救出活動を行うことを要請した（Randa 2017）。MILF側はこれに応じ，市街地に囚われている民間人を救出するために政府とISIS系過激派の停戦合意にも協力した。MILFと敵対関係にあったミスアリMNLF議長（当時）もMNLFの戦闘員を援軍として提供した。ここで，1960年後半に分離独立紛争が発生して以降初めて，「政府（国軍）─MILF─MNLF」の三者がISIS系過激派という国家安全保障上の脅威に対して共闘し，国家への新たな脅威に対抗した」という新たな歴史的事実が加わった（谷口2020）。このことが，ミンダナオ問題に関心が高くない市民に，分離独立勢力（MILF，MNLF）は国家に対する脅威ではなく，国家の協力者であるという認識を高めることに寄与した。

（3）　和平プロセスにおける第三者関与

　アキノⅢ・ドゥテルテ両政権下では，政・軍・市民関係の安定が，第三者が関与できる政治的空間を与え，和平が前進したといえる。ここで示す第三者の役割は，①和平交渉開始（あるいは再開）のコミットメント問題の解消，②停戦監視，③和平合意のための専門的・技術的・財政的・外交的支援，④和平合意の履行監視・保証である。第三者関与の下で，アキノⅢ政権では主に①，②，③，ドゥテルテ政権では①〜③を踏襲しながら，主に④の役割に重心が置かれた。こうした第三者による積極的関与は，①和平合意の締結，②和平合意の法制化，③住民投票を経た新自治領域と新自治政府（暫定自治政府）の設立などに寄与した。具体的には次の通りである。

　アキノⅢ政権は，当初，仲介役を務めるマレーシアとの外交的緊張関係から，実質的な和平交渉は実施されなかった（Rood 2016）。この膠着状

態に風穴を開けたのが，2011年8月，日本（成田市）で開催されたアキノ
Ⅲ大統領とムラドMILF議長の初の極秘トップ会談である。これは，政
府・MILF双方の和平交渉団からの要請により実現したものである。公式
にはマレーシアが仲介役であるため，日本の役割は面談の場を提供したこ
とにとどまるが，第三国での両指導者の直接対話は，信頼醸成とコミット
メント問題の解消という意味で大きな成果をあげた。

　こうした背景から，新たな仲介人として任命されたタンク・ダトゥ・ア
ブガファー・テンク・モハメド氏（2011-2016年）は，当事者双方からの
信頼獲得を優先したうえで，①誤解が生じた場合の状況判断と助言，②当
事者間を物理的に往復しながら相違点を埋める情報伝達，③会議運営管理
などを行った（Leslie 2013）。当時，オブザーバーを務めた和平調停専門
家は，「テンク氏は，促進役（facilitator）から調停役（mediator），交渉
役（negotiator）へと変容し，最終的にはこれらのすべての役割を果たす
ようになった」と述べている[25]。同氏が2016年に病死するまで，両側から同
氏の中立性・公平性について疑義が呈されたことは一度もなく，両者から
信頼を寄せられていたことが確認できる[26]。

　この仲介役とともに和平交渉を側面支援していたのが国際コンタクト・
グループ（ICG）である。ICGは，特定の専門性と外交的地位を有するメ
ンバーが相互補完的に協力関係を構築し，ニーズに応じて両者に技術，資
金，情報，運営の支援を提供するメカニズムである（Taniguchi 2022）。
たとえば，人道対話センター（CHD）とイギリスのメンバーは，和平合
意の4つの付属文書（権力移行，富の配分，権力の配分，正常化）に関連
して，北アイルランドを含む世界各国での紛争解決の事例をもとに知見を
共有し，その草案を策定した。また，日本とイギリスは，外交的立場から，
和平に反対の立場をとる国会議員や地方有力者と定期的に会談し，緊張緩
和と和平への理解促進に努めた。さらに，国際NGOは現地の市民社会組
織と連携し，異なる民族構成の地域間・住民間対話の促進のための技術
的・財政的支援を提供している。

　2013年に設立された第三者監視チーム（TPMT）は，和平合意の履行
状況を監視，検証，評価するメカニズムである。TPMTにはEUからの議
長を筆頭に，国内NGO[27]，国際NGO[28]が含まれる。これは，MNLFの和平合
意が完全履行されなかった教訓を踏まえ，MILF側の要望から設立された
もので，和平プロセスはTPMTの評価をもとに，双方が完全履行を合意
したことをもって和平プロセスは終了する。したがって，TPMTは和平
合意の履行保証メカニズムとして今後も重要な役割を担う。

　アキノⅢ政権下では，17年間に及ぶ交渉の結果，2012年和平枠組み合意，
2014年包括和平合意の締結など和平に大きな前進がみられた。ただし，和
平合意の法制化が進む中，政府内の調整不足に端を発し，2015年に国家警
察特殊部隊（392人）が米国連邦捜査局の最重要指名手配者のテロ容疑者
2人の捜査中に，通告なくMILF領域に侵入し，偶発的にMILFと交戦[29]
（ママサパノ事件）となった。民間人を含む67人[30]が犠牲となった結果，政
府側の停戦違反だったにもかかわらず，国民のMILFに対する風当たりは
厳しく，このことが決定打となり，法制化は暗礁に乗り上げた。

　続く，ドゥテルテ政権下では，和平プロセスが交渉段階から実施段階に
移行したことに伴い，第三者関与のあり方や度合いに変化がみられる。実
際に，ドゥテルテ大統領は，ミンダナオ和平は内政問題であるとの認識か
ら，和平プロセスの「国内化」を掲げ，時に自らが主導した。たとえば，
法制化プロセスでは，和平に反対する議員に対して，法案成立のために圧
力をかけ，ミンダナオのムスリムの既得権者に対しては自らが利害調整を
図った。上述のマラウィ占拠事件後の新たな自治地域と政府を設立するた
めの基本法制定のための議会審議の際には，同法案が不成立になった場合
の国家安全保障上の責任を議会に押し付ける発言を繰り返し，議員と国民
に法案成立の必要性を訴えた（谷口 2020；Taniguchi 2019）。

　こうした国内化に伴い，「和平交渉団（Peace Negotiation Panel）」は，
「和平実施団（Peace Implementation Panel）」へ名称変更され，第三者を
介在しての協議の回数は激減した。特に新たな自治地域・政府設立のため

の法制化プロセス，さらには新自治地域・政府設立のための住民投票にあたっては，第三者側も内政干渉にあたる可能性を考慮して慎重に対応した。

　しかしながら，和平合意内容には解釈を生む表現もあり，具体的な実施方法や実施上の課題・問題への対処には協議が必要であった。たとえば，MILFの軍部の正常化は和平の成否を左右する重要な課題であるが，政府側の財政不足のために武装解除後の社会経済支援が提供されない場合，どのように対処するかなどである。こうした実務上の課題について，和平交渉の席で協議する必要があったが，これを当事者間だけでの協議としたい政府側と，第三者を介在した協議としたいMILF側との間で認識の共有が図れないこともあった。当然のことながら，非対称的な権力関係にある政府とMILFとの協議では，必ずしもMILF側に十分な発言権があるわけではない。したがって，両者の合意をもって和平プロセスが終了するまで，第三者関与は合意の実効性を高める意味で和平の前進に影響を与えうる。

（4）　アキノⅢ・ドゥテルテ政権期での仮説検証の結果

　アキノⅢ・ドゥテルテ両政権では，歴代政権と比べても両大統領の政治資本が高く，政府が軍部の組織的利益（人事と予算，使命感など）を与えたこともあり，軍部の政治介入やMILFへの軍事行動を抑制することが可能となった。このことによって，政・軍・市民の三者間の関係は安定し，第三者が関与する政治的空間を与え，信頼できる第三者の関与によって和平が促進された。ただし，両政権では，政・軍・市民関係と第三者関与のあり方が異なる。

　アキノⅢ政権では，当初から市民社会の参加を伴う治安セクター改革が推進されたことに加えて，対外脅威の高まりから，政府・軍・市民の三者間で脅威認識と軍の役割に対する合意が形成された。このことは，政・軍・市民関係を安定化させ，第三者が関与できる政治的空間を与え，和平を前進させた。一方，両政権下では，政・軍・市民の三者間で合意された，脅威と軍の役割の認識が異なる。ドゥテルテ政権では，脅威は主に国内に

向けられ，ISIS系過激派を国家安全保障上の脅威として殲滅作戦，MILF
を脅威排除のための協力者として和平推進，という共有認識を政・軍・市
民の間で図った。両政権での政・軍・市民の関係の違いは，アキノⅢ政権
下では三者間の関係構築に市民社会が積極的に関与していたのに対して，
ドゥテルテ政権下ではその構築に市民社会の関与がなかったことである。

5　分離独立紛争における和平促進の新たな条件と今後の課題

　先行研究では，シフが提唱した調和理論をもとに，ラクスマナは，ア
チェの事例から，政軍関係と分離独立紛争の和平の関係を分析し，政軍関
係の調和（安定）と第三者の関与の強さと信頼性の高さが国軍の政治介入
を抑制し，和平成立に寄与したと論じた。しかし，ミンダナオの事例にお
ける仮説検証で明らかになった和平促進の条件は，アチェの検証結果に加
えて，強大な権限を持つ大統領の和平（平和的解決）に対する政治的意思
とその実現を可能にする政治資本，さらに政府・軍に市民を加えた三者間
関係の安定である。ただし，これらは和平促進の必要条件であっても十分
条件ではないことに留意が必要である。

　エストラーダ政権・アロヨ政権下では，両大統領は自らの不正・汚職に
より政治資本を失ったことから政権維持を軍部に依存したため，軍部の政
治介入と軍事行動を抑制することが困難になり，政・軍・市民の関係は不
安定化した。こうした状況の下，エストラーダ政権下では第三者の関与は
なく，アロヨ政権では第三者の関与はあったものの当事者双方が信頼でき
る仲介役が不在で，結果的には大統領自らの政治資本の欠如により和平は
後退した。他方，アキノⅢ政権・ドゥテルテ政権下では，両大統領の高い
政治資本から，軍部の政治介入や軍事行動を抑制することが可能となり，
政・軍・市民の関係は安定した。両政権下での和平プロセスは異なる段階
であるため，第三者の主な役割も異なるものの，当事者双方が信頼できる
第三者の関与が対話による合意形成の機会と合意の実効性を高め，和平は

前進した。

　ただし，両政権では，民主的な文民統制が図られたか否かという点で違いがある。アキノⅢ政権下では，市民社会を含めた，より民主的な新たな政軍・民軍関係を構築したのに対して，ドゥテルテ政権下では，政・軍・市民の間で脅威認識は共有されたものの，市民の積極的な関与に基づく三者間の関係は構築されなかった。このように，時の政権の方針や大統領の政治資本によって左右される和平は脆弱であるといえよう。今後も和平プロセスの推移を注視していく必要がある。

謝辞：本稿は，2022年度 日本比較政治学会（第25回大会）での報告内容に基づくものである。同大会では，増原綾子会員，松野明久会員，中溝和弥会員から，査読の過程では２名の匿名査読者から非常に的確なコメントを頂戴した。これらの会員と稗田健志（本号）編集委員長を含めた関係者の皆様に心から感謝の意を表する。

注

１）　これらは，2014年の包括的和平合意に規定されている。

２）　他方，イスラーム系過激派であるアブ・サヤフグループ，MILFから分派したバンサモロ自由戦士（BIFF），MILFと関係のあるマウテ・グループなどは「テロ組織」に認定され，交渉相手ではなく軍事制圧の対象である。共産主義勢力に対しては，各政権によって対応が異なる。

３）　ここで示す「第三者（Third-Party）」とは，和平調停で用いられる和平交渉の仲介役のことである。通常，国際連合（国連），外国政府（外交団），和平調停を専門とする国際機関の人員から選出され，交渉当事者の合意によって公式に任命される。

４）　フィンランドの元大統領であるアハティサーリ氏。同氏は，ノーベル平和賞を受賞した。

５）　妨害者（Spoiler）とは，「和平合意に敵対する指導者や派閥で，和平合意を損なわせるために暴力を行使する意思を持つもの」である（Stedman 1997；Stedman et al. 2002）。

６）　軍部の政治介入は，①国防政策の決定，②総司令官である大統領に対する支持撤回と政策反対，③クーデターの画策・共謀，④無許可の軍配備，⑤反乱行為とクーデター実行などを含む（Hernandez 2007）。

７）　1999年６月時点で80％近くあった大統領支持率は，同年12月には44％にまで下

がった（SWS 2015）。

8）　1万5000人規模の軍と 5 億ペソにものぼる軍事費が投入された（Tiglao 2014）。

9）　エストラーダ大統領を退陣に追い込んだレイエス参謀総長を中心とした党派。

10）　アロヨ大統領と国軍上層部との親密な関係と戦略的ポストへの配置は，山根（2014）に詳しい。

11）　2009年11月，マギンダナオ州で地元政治家であるマグダダト氏の親族とジャーナリストら58人が，シャリフ・アグアクの選挙管理委員会に翌年実施されるマギンダナオ州知事選挙の届出をする途中，政敵であるアンパトゥアン氏族とその民兵に拉致され，まもなく殺害された。

12）　2004年大統領選挙においてアンパトゥアンが影響力を持つマギンダナオ州でのアロヨ候補の得票率は69%。実質的に同氏族が支配する 7 町では99.8%（ 8 万2,411票）を獲得。家宅捜索時，不正な選挙登録証が大量に発見された（Mercado 2010）。

13）　MILFは公式に関与を否定した。2003年 7 月，マニラのオークウッドホテルに立てこもりアロヨ当時大統領の辞任要求の反乱を起こした国軍兵は，ミンダナオで頻発化する爆弾テロ事件について，政府がMILFとの対立を扇動し，米国政府にMILFをテロ組織として指定させるための国軍幹部による自作自演と主張した（Mercado 2008）。

14）　現在，イスラーム協力機構。

15）　そのほかの交渉再開の条件は，①過去に政府とMILFとの間で締結した合意内容の順守，②海外での交渉実施，③MILF軍事基地からの国軍撤退である（Bacani 2005）。

16）　公式には「ファシリテーター」と表記。

17）　IMT要員への面談調査（2018年 4 月21日実施）。

18）　「先祖伝来の領域にかかる合意覚書（Memorandum of Agreement-Ancestral Domain, MOA-AD）」には，「バンサモロ司法体（Bangsamoro Juridical Entity, BJE）」の設立とその統治範囲の確定方法が含まれていた。

19）　国際NGOはインドネシアのヌハマディヤ（Muhammadiyah），米国・アジア財団，スイス・人道対話センター，英国・コーリション・リソース。

20）　社会福祉，地方自治，和平プロセス，新型コロナウィルス感染症対応などを含む。

21）　沿岸警備隊，刑務所管理刑事局，消防局，公共安全保障大学，国家地図・資源情報局などである。

22）　ヒューマン・ライツ・ウォッチによると，2016年から2021年までに麻薬戦争で治安当局による超法規的殺人の犠牲者は 1 万2000人から 3 万人と試算される（治安当

局による超法規殺人数は6190人）。人権団体からは治安部隊の超法規的殺人，拉致，拷問などの事例が報告されているが，国軍の武力紛争法センターは，現在，超法規的殺人，強制失踪，その他の権利侵害の疑いで捜査を受けている軍人はいないとしている（HRW 2022）。

23)　この戦闘でマラウィ市が壊滅状態となり，約45万人が避難生活を余儀なくされた。

24)　Islamic State of Iraq and Syriaの略。フィリピンでは，過激派組織「イスラーム国」（IS）よりはISISという表現を用いることが一般的であるために，本稿はこの表記で統一する。

25)　オンライン面談調査（2020年12月22日実施）。

26)　当時コーリション・リソースから派遣された和平調停専門家への面談調査（2020年12月23日実施）。

27)　United Youth for Peace and Development, Inc（コタバト），Gaston Z Ortigas Peace Institute（マニラ）。

28)　The Foundation for Human Rights and Freedoms and Humanitarian Relief（IHH）（トルコ），The Asia Foundation（米国）。

29)　同事件が偶発的だったとする理由は，議会，政府，ミンダナオ国際監視団（IMT）により評価報告書に基づく。報告書によると，テロ対策特殊部隊が共同停戦監視団に事前通告をしていなかったことに加え，テロ容疑者を追跡していく中でMILF支配地域に侵入したという検証結果が公表されている。

30)　犠牲者は，国家警察44人に対して，MILF側18人，バンサモロ自由戦士側5人，民間人数人。

参考文献

〈英語文献〉

Apandi, Laila Suriya Ahmad, Rusdi Omar, and Abdul Rahim Anuar（2018）"An Honest Peace Broker? Malaysia as a Third Country Facilitator of Peace Building Process in the Southern Philippines," *International Journal of Engineering & Technology*, 7：576-580.

Arugay, Aries A. and Nicole Curato（2010）"Militarized Politics and A Politicized Military under Arroyo：Prospects and Challenges for Philippine Civil-Military Relations," in Aya Fabros（ed.），*Project 2010：Confronting the Legacy of the GMA Regime*. Quezon City：Focus on the Global South.

Bacani, Benedicto R.（2005）"The Mindanao Peace Talks：Another Opportunity to

Resolve the Moro Conflict in the Philippines," United States Institute of Peace, Special Report No. 131.

Chatterjee, Anshu N. (2022) "Civil-Military Dividents of a Majoritarian State : The Case of Sri Lanka," in Florina Cristiana, Matei Carolyn Halladay and Thomas C. Bruneau (ed.), *The Routledge Handbook of Civil-Military Relations.* London and New York : Routledge.

De Castro, Renato Cruz (2017) "Developing a Credible Defense Posture for the Philippines : From the Aquino to the Duterte Administrations," *Asian Politics & Policy,* 9(4) : 541-563.

Desch, Michael C. (2000) "Civilian Control of the Military : The Changing Security Environment," *The American Political Science Review,* 94 : 506-507.

Fearon, James D. (1998) "Commitment Problems and the Spread of Ethnic Conflict," *International Spread of Ethnic Conflict.* Princeton : Princeton University.

Fearon, James D. (2004) "Why Do Some Civil Wars Last So Much Longer than Others?," *Journal of Peace Research,* 41(3) : 275-301.

Franco, Joseph Raymond Silva (2013) "Malaysia : Unsung Hero of the Philippine Peace Process," *Asian Security,* 9(3) : 211-230.

Hall, Rosalie Arcala (2022) "Hobbesian Flirtation and Viral Entanglements : Shifts in Philippine Civil-Military Terrain under the Duterte Administration," *Southeast Asian Affairs,* 2022 : 293-306.

Heiduk, Felix (2015) "The Military and Security Sector Reform in Southeast Asia," *Security and Peace* : 33 : 14-19.

Hernandez, Carolina G. (2005) "Institutional Responses to Armed Conflict : The Armed Forces of the Philippines," in *A Background paper submitted to the Human Development Network Foundation, Inc for the Philippine Human Development Report 2005.* Manila : UNDP.

Hernandez, Caroline G. (2007) "The Military in Philippines Politics," Rodolfo C. Severino and Lorraine Carlos Salazar (ed.), *Whither the Philippines in the 21st Century?* Singapore : ISEAS-Yusof Ishak Institute.

Holmes, Ronald D. (2018) "Can the Gain be Sustained? Assessing the First Five Years of the Aquino Administration," in Paul D. Hutchcroft (ed.), *Mindanao : The Long Journey to Peace and Prosperity.* Mandaluyong City : Anvil Publishing.

HRW（2022）*World Report 2022 : Philippines*, Human Rights Watch（https：//www.hrw.org/world-report/2022/country-chapters/philippines　2022年 5 月22日閲覧）.

Huntington, Samuel P.（1957）*The Soldier and the State : The Theory and Politics of Civil-Military Relations*. Cambridge：Belknap Press of Harvard University Press.

Laksmana, Evan A.（2013）"Containing Spoilers：Civil-Military Relations and Third Parties in the Post-Suharto Aceh Peace Initiatives," in *Asia Security Initiative Policy Series No. 25*. Singapore：RSIS Centre for Non-Traditional Security（NTS）Studies.

Leguro, Myla, and Musa Sanguila（2015）"The Philippines：The 'Bantay Bayanihan' Forum," in Lisa Schirch and Deborah Mancini-Griffoli（eds.）, *Local Ownership in Security : Case Studies of Peacebuilding Approaches*. The Hague：Alliance for Peacebuilding, Global Partnership for the Prevention of Armed Conflict, Kroc Institute.

Leslie, Emma（2013）"Widening the Table：Hybrid Support Groups in Conflict Mediation," *World Politics Review, Feature Report : Getting to Peace : New Approaches to Ending Conflict*, 9-13.

McCoy, Alfred W.（1999）*Closer than Brothers : Manhood at the Philippine Military Academy*. New Haven：Yale University Press.

Mercado, Eliseo R.（2008）"The Effect of 9/11 on Mindanao Muslims and the Mindanao Peace Process," in John L. Esposito, John Obert Voll, and Bakar Osman（eds.）, *Asian Islam in the 21st Century*. Oxford：Oxford University Press.

Mercado, Eliseo R.（2010）"The Maguindanao Massacre and the Making of the Warlords," *Autonomy and Peace Review*, 6(1)：11-32.

Nordlinger, Eric A.（1976）*Soldiers in Politics : Military Coups and Governments*. Englewood Cliffs：Prentice Hall.

NRC（2005）"Philippines：Continued Instability in Mindanao Threatens IDP Rehabilitation," in *Global IDP Project*. Geneva：Norwegian Refugee Council.

Özerdem, Alpaslan（2012）"The Contribution of the Organisation of the Islamic Conference to the Peace Process in Mindanao," *Civil Wars*, 14(3)：393-413.

Parreno, Al A.（2011）*Report on Philippine Extrajudicial Killings from 2001-*

August 2010. Makati City : Supreme Court of the Philippines, The Asia Foundation.

Randa, Pia (2017) "Duterte Creates 'Peace Corridors' with MILF for Marawi Residents," May 31, *Rappler* (https://www.rappler.com/nation/171512-duterte-peace-corridor-marawi-milf/　2022年11月22日閲覧).

Rood, Steven (2016) "The Role of International Actors in the Search for Peace in Mindanao," Paul D. Hutchcroft (ed.), *The Long Journey to Peace and Prosperity.* Mandaluyong City : Anvil Publishing.

Schiff, Rebecca L. (2009) *The Military and Domestic Politics.* Oxon : Routledge.

Shea, Nathan (2017) "Regionalism and Islam : Malaysia Peacemaking Strategy," in John Langmore, Tania Miletic, Aran Martin and Nathan Shea (eds.), *State Support for Peace Processes : A Multi-Country Review.* Melborune : The Unviersity of Melbourne, Australian Government.

Stedman, Stephen J. (1997) "Spoiler Problems in Peace Processes," *International Security,* 22 : 5-53.

Stedman, Stephen J., Donald S. Rothchild, and Elizabeth M. Cousens (2002) *Ending Civil Wars : The Implementation of Peace Agreements.* Boulder : Lynne Rienner Publishers.

Stepan, Alfred C. (1988) *Rethinking Military Politics : Brazil and the Southern Cone.* Princeton : Princeton University Press.

Svensson, Isak and Magnus Lundgren (2015) *Patterns of Peacemaking : When Do We See International Mediation, and What are the Impacts?* Oslo : Peace Research Institute.

SWS (2015) "Satisfaction with the President," February 15, *Social Weather Stations* (http : //www.sws.org.ph/　2023年 5 月 3 日閲覧).

Taniguchi, Miyoko (2019) "Rethinking 'Liberal Peacebuilding' Conflict, Violence, and Peace in Mindanao," *Social Transformations,* 7 (May 2019) : 165-193.

Taniguchi, Miyoko (2022) "Adapting from Outsider to Insider Mediation in the Bangsamoro Peace Process, Southern Philippines," in Cedric de Coning et al. (eds.), *Adaptive Mediation and Conflict Resolution : Peace-making in Colombia, Mozambique, the Philippines, and Syria.* Cham : Springer International Publishing.

Taniguchi, Miyoko (2023) "Adaptive Peacebuilding in Bangsamoro, Southern

Philippines : The Role of Japan's International Cooperation," in Cedric de Coning（ed.）, *Adaptive Peacebuilding.* London : Palgrave.

Tiglao, Rigoberto D.（2014）"Aquino Pact Restores, Strengthens MILF Camps," *The Manila Times,* January 30（http://www.manilatimes.net/aquino-pact-restores-strengthens-milf-camps/72020/　2022年5月22日閲覧）.

Tuazon, Bobby M.（2006）*Fraud : Gloria M. Arroyo and the May 2004 Elections.* Quezon City : CenPEG Books.

Zamor, Fe and Philip C. Tubeza（2017）"Duterte hires 59 former AFP, PNP men to Cabinet, agencies," *Inquire Net*（https://newsinfo.inquirer.net/908958/duterte-hires-59-former-afp-pnp-men-to-cabinet-agencies　2022年5月22日閲覧）.

〈邦語文献〉

伊藤裕子（2019）「第16章　フィリピン・ドゥテルテ政権の対中認識——最近の動向を中心に」令和元年外務省外交・安全保障調査研究事業『中国の対外政策と諸外国の対中政策』日本国際問題研究所。

谷口美代子（2020）『平和構築を支援する——ミンダナオ紛争と和平への道』名古屋大学出版会。

増原綾子（2016）「民主期インドネシアにおける脅威認識の変容と政軍関係」『国際政治』第185号，82-97頁。

増原綾子（2019）「インドネシアの政軍関係——東南アジアにおける民主化と国軍」細谷雄一編『軍事と政治　日本の選択——歴史と世界の視座から』文春新書，238-280頁。

山根健至（2014）『フィリピンの国軍と政治——民主化後の文民優位と政治介入』法律文化社。

（たにぐち・みよこ：宮崎公立大学）

第3部

危機と公共政策

「再生産」の危機と国家
―― 現代日本から考える ――

武田宏子 ［名古屋大学］

1 危機の言説と「再生産」

　第二次安倍晋三政権は，しばしば「国難」という表現を使用して，日本という国が「危機」に直面していると訴えた。最も代表的な例は，「国難突破選挙」と冠された2017年秋の解散総選挙であろう。選挙を断行する決意を国民に告げる記者会見において，安倍元首相は，急速に進む少子高齢化と北朝鮮の軍事的脅威を「国難」として名指しし，これらの危機に真摯に取り組むためにも国民からの十分な信任を取り付ける必要があると，自らの決断を正当化した（吉川 2017）。

　このようにして開始された「国難突破選挙」は，安倍元首相が率いた自由民主党（以下，自民党）が公示前と同数の議席数を確保し，連立政権を組む公明党の獲得議席と合わせると総議席数の 3 分の 2 を超える議会勢力を得るという与党側の圧倒的な勝利に終わった。しかしながら，そうした選挙結果が，「国難」と名指しされた少子化状況の改善に結びついたようには見えない。合計特殊出生率は2015年に若干の増加を記録した後，一貫して低下傾向にあり，2020年の合計特殊出生率は1.33であった[1]。その上で，2020年初頭に始まった新型コロナ・パンデミックという「危機」は，結婚・妊娠を控える傾向に拍車をかけたと報告されている。2021年の出生数は約81万人と， 6 年連続で過去最低を記録し，合計特殊出生率は1.30にとどまった（『朝日新聞』2022年 6 月 3 日電子版）[2]。このように，「国難突破

選挙」以来の過程で，日本国の首相が国家の「危機」と断定した少子化という政治課題は改善するどころか，さらに深刻化している。

　振り返れば，少子化傾向が日本において国家の将来を左右する「危機」的な政治課題として議論されるようになったのは1990年代初頭のことであり，以来，日本政府はこの問題を重要政治課題として位置づけてきた[3]。この点を踏まえると，2017年総選挙を「国難突破選挙」と名づけた安倍政権の選挙戦略には一定の理解し難さがある。いわゆる「1.57ショック」が問題化した1990年以降の政治状況において，1993～1994年と2009～2012年までの短い例外期間を除いて政権を担ってきたのは自民党であり，しかも，2012～2017年解散総選挙までの期間，政府を率いたのは安倍元首相自身であった。したがって，2017年秋の時点で少子化傾向に歯止めがかからず「国難」というべき状況であったという事実は，自民党，特に安倍政権の統治能力に重大な疑問を投げかけることになる。にもかかわらず，安倍政権は「少子化問題＝国難」が衆議院の解散に値する「危機」であると堂々と主張し，そうした安倍政権の主張自体が問題化されることはなかったように見受けられた。

　コリン・ヘイは，危機を契機とした国家の構造的転換の政治過程を理論的に整理する論文において，「危機」を通じて展開する政治を十分に理解するためには，政治的アクターが「危機」を特定の問題や失敗と結びつけて語ることで構築する，危機の「物語性」（narrativity）に着目する必要があると指摘している（Hay 1999；see also Hay 1996）。政治的アクターは，政治過程で主導権を握るための「決定的介入の契機」（a moment of decisive intervention）として「危機」を強調するが，その際に，国家の統治システム上の機能不全・問題やそれらが生じたメカニズムと因果関係，危機への対応方針・方法などに関して，多様な可能性の中から全般的な政治目的に適合する要素を選別し結びつけることで，「危機」の「ナラティブ」を構築する。したがって，危機の「物語性」が示すのは，状況の正確な診断や問題解決のための処方箋というよりは，どういった方向で政治過

程の展開が構想され目指されているのか，そのためには国家の政治制度は
どのように改革・再編される必要があるのかなどのアジェンダを含む，特
定のアクターが提示する「政治的プロジェクト」であると理解できる。と
はいえ，ヘイ自身も注意を喚起しているように，こうしたヘイの議論は，
「危機」を単なる言説的構築物であると見なしているわけではない。危機
を語ることによって表明される「政治的プロジェクト」が支持されるため
には，それが人びとの日常生活上の「生きた経験」と共振する必要がある
ことに加え，一旦，「政治的プロジェクト」が実施されれば，制度的変化
が誘発されるなどの具体的な効果が発生し，これによって現実世界が形づ
くられ，変化することになる（Hay 1999：336-338）。こうした点を踏ま
えて，ヘイは，かつてグラムシが議論したように，「危機」を政治過程を
フレーム化する「文脈」として捉えるのではなく，国家構造が刷新される
政治過程そのものとして理解するべきではないかと問題提起している
（Hay 1999：338）。

　上記のヘイの議論は，国家の政治過程で主導権を握るためには，複数の
「危機」のナラティブが競合する過程において，ヘゲモニックな「危機」
の理解を確立し，政治社会全体に広く浸透させることが不可欠なステップ
であることを示唆する。実際，この点を踏まえて，ヘイは，1990年代初頭
の経済危機の性質をサッチャー政権の経済政策がはらんでいた問題と結び
つけて明確化した上で，これに対抗する一貫性のあるオルタナティブな未
来へのヴィジョンを提示する必要があると，イギリスの左派勢力に強く求
めている（Hay 1995）。言いかえれば，ここでヘイが議論しているのは，
スチュアート・ホールによって「権威主義的ポピュリズム」（authoritar-
ian populism）と名づけられた過程（Hall 1988），すなわち，サッチャー
率いる保守党が，労働組合が主要な役割を果たすコーポラティト型の統治
システムの硬直性と機能不全を厳しく弾劾し，経済的自律性，自助努力，
企業家精神，勤勉さ，自助システムとしての一体性を備えた家族といった
新自由主義的・新保守主義的価値に基づいた「イギリス的生活」を実践す

るように「上から」人びとに訴えることで「戦後コンセンサス」を打ち破り，政権交代を実現していった過程を，左翼勢力の側から反転させ巻き返すことであった。とはいえ，ホール自身やアンジェラ・マクロビーによる1990年代から2000年代にかけての議論（Hall 2017［1998］；McRobbie 2000, 2009）を辿ることで理解できるのは，むしろ，イギリスの政治社会における新自由主義の影響力の盤石さであり，一貫性を備えたオルタナティブな対抗ビジョンと政治プログラムを提示する可能性を探る試みは，新型コロナ・パンデミックを経た現在にまで持ち越されている（Gerbaudo 2021；Bratton 2021）。こうした現実政治の展開から得られる含意は，一旦確立され浸透した「危機」の「物語性」を置き換えることは，実際には容易ではないことである。

　本稿では，上記のヘイの議論を受けて，少子化傾向に焦点が当てられ，「再生産」が「国難」に直面していると語られる時，そこでどのような政治過程が展開しているのか理解することを目指す。そのため，第2節でまず，「再生産」と国民国家の統治システムの関係性を「統治性」の議論を参照しながら確認し，その上で，第3節では新自由主義のロジックが浸透した現代の高度資本主義社会の状況において「再生産」が隘路に陥ることを検討する。こうした作業を経た上で，第4節では，新型コロナ・パンデミックの状況も踏まえて，現代日本の「再生産」をめぐる「危機の政治」を読み解いていく。

2　資本主義経済システム・国民国家・「再生産」

　「生産」（production）と対置される「再生産」（reproduction）に関する議論は，複数の学術研究の領域を横断し，長い間，積み重ねられてきた。それゆえ，「再生産」を議論する際には，その多義性・多様性を整理する必要があり，すでに別稿において，「再生産」の「機能」と「効果」に着目することで，「生物学的再生産」「経済的再生産」「社会―政治的再生産」

の3つの側面に沿って整理することを提案している（Takeda 2005；武田 2016）。このうち，「生物学的再生産」は生物としての人の繁殖と生命の存続を意味するのに対し，「経済学的再生産」は資本主義経済システムの生産過程が維持されるだけでなく，そのために必要な労働力が十分に供給されることを保証するものである。資本主義経済システムが維持され，つつがなく運営されていくためには，現役の労働者が日々の労働による消耗から恢復し，次の日の労働に備えることに加え，次世代の労働者が労働市場に絶え間なく補充される必要があり，「生物学的再生産」と「経済的再生産」はこれらの実現に寄与するものであるが，同時に，この2側面のみでは「労働力」が市場で交換されるに値する「品質」を備えることは保証されない。労働者たる個人は，家庭や学校での躾や教育，あるいはマス・メディアが拡散する情報を通じて，企業やコミュニティ，社会，国民国家の一員となり，特定の役割を果たすための規範や技能を身に付けることで，市場価値を有する労働力となるように求められる。このように，「生物学的再生産」と「経済的再生産」は，個々人を経済社会と国民国家の一員として養育・教育・社会化する過程である「再生産」の第3の側面，「社会─政治的再生産」によって補完される必要があり，これらの「再生産」の3側面が相互に連関しながら機能することによって，国民国家と資本主義経済システムは一体として維持される。

　マルクス主義の議論に影響を受けたフェミニストによる研究，特に，フェミニスト政治経済学は，1970年代以降，マルクスとエンゲルスによって言及はされていたものの十分に検討されることがないままとなっていた，労働力が再生産される過程である「社会的再生産」（social reproduction）が，家庭内で主に女性によって無償で担われてきたことの帰結として，多くの女性が資本主義経済社会において脆弱な立場に追いやられてきたと問題提起した[4]。従来，「家事」や「育児」と呼ばれてきた，女性が家庭内で行ってきた家庭内ケア労働は，現役の労働者である男性稼ぎ主が労働に専念できるように配慮し，毎日の生活を管理・運営すると同時に，将来の労

働者／家内労働者となる子どもたちを養育することを通じて，資本主義経済システムが存続し，経済的利益を生み続けていくために不可欠な機能を担ってきた。けれども，こうした行為は，家族のために行われる「私的な行為」として経済システムの「外部」に位置づけられ，この仕組みは女性を経済的生産には従事しない男性稼ぎ主の「扶養者」と見なす国民国家の制度によって裏づけられてきた。フェミニスト政治経済学は，理論的には「家内労働論争」に，実践としては第二波フェミニズム運動，特に国際的に展開した「家事に賃金を」（Wages for Housework）運動に触発され，女性が行ってきた家庭内労働は「社会的再生産」の過程に他ならないと指摘し，「社会的再生産」の経済的・政治的価値を認めず，「愛」の名の下に無償で行うことを強いられてきたことが，世界的に広く観察される女性の抑圧と経済的搾取の根本的な原因であると議論した（Luxton 2006；Bakker 2007；Bakker and Gill 2003；Federici 2019, 2020, 2021）。

　フェミニスト研究者たちが長い時間をかけて展開したこうした「社会的再生産」に関する議論は，資本主義経済システムが家父長制によって構造的およびイデオロギー的に補完されていることを可視化したわけであるが，他方で，それが国民国家の政治過程とどのように関係し，統治システムに組み込まれることでどういった政治的機能を果たしているのかという問題に関しては，具体的には検討してこなかった[5]。イザベラ・バッカーやシルヴィア・フェデリーチの議論に特徴的であるように，彼女たちの主要な関心は，グローバル化が加速する状況下で女性の抑圧と経済的搾取が世界的に再編成されていく過程の分析であったことに加え，同時期に，国家の「退場」あるいは「空洞化」の議論（Strange 1996；Rhodes 1994）に代表される「国家」の統治能力の減退を指摘する論争が活発に展開されていたという時代状況にも影響されてか，「社会的再生産」に着目する議論では「国家」への関心が希薄であるように読める。

　より根本的な問題として，「社会的再生産」の議論に携わったフェミニストたちにとって，「国家」は，社会政策を導入・実施することを通じて

カール・ポランニーが自由主義的資本主義経済に本来的に内包されると指摘した「自己破壊的メカニズム」（Polanyi 2001 [1944]）から「再生産」を保護する上で主要な役割を担うが，そうした制度自体が女性の抑圧と経済的搾取の淵源ともなっていたという意味において，両義的な存在である。この時，「国家」に対して距離を置いて，「社会」というポジショニングから運動を通じて批判を展開するというのは，女性の経済的搾取と抑圧に対抗するための戦略のひとつとして考えられるが，その裏返しとして，国家の統治システムに「再生産」を位置づけた上で，その政治的機能を具体的に検討するという作業が取り残されてきた。

　こうした「社会的再生産」論に対し，ミシェル・フーコーの講義に由来する「統治性」（governmentality）の議論では，「再生産」は自由主義的資本主義経済と国民国家を「合理的」に運営するための手段として位置づけられる。広く知られているように，「統治性」は，個人の身体に働きかけ，内面化されることで，日常生活上の行為を「合理化」し，規律する権力である「規律権力」と，国民国家の人口全体の健康，福祉，幸福に配慮し，それらの増大を目指す「人口の生政治」が組み合わさった統治のテクノロジーである。フーコーは「国家の統治性化」（governmentalization of the state）という表現を用いて，近代国民国家が確立されていった過程を通じて，こうした「統治性」の権力作用が漸次的に統治システムに取り入れられていったと議論している（Foucault 2007, 2008）。

　「国家の統治性化」は，統治の「行われ方」（conduct）という点で，個人の日常生活が国家の統治の主要な関心事となるという大きな転換をもたらした。すなわち，18世紀から20世紀に至る過程で，国民国家は「夜警国家」モデルから転換し，国民各々が自らの身体や精神，日常生活の状態を良好に保ち，資本主義社会での生活に適合した主体を構築し，ライフスタイルを営むように支援するために，社会的インフラストラクチャーを整備し，医師や教師，ソーシャル・ワーカーなどの専門家と協力して多様な社会的サービスを提供・実施する役割を担うようになった。こうした国家に

よる個々人の日常生活への介入は，フーコーの講義を踏まえて，ジャック・ドンズロがフランス近代の歴史的過程を辿ることで示したように，通常，「家族」を通じて行われた（Donzelot 1997）。その結果，「統治性」の下では，個々人は，生産性の高い経済行為に従事する労働者，あるいは，そうした労働者の再生産に従事する家庭内ケア労働提供者として，幸福で健康な家族を形成し，生活を営むように促された。このように，「統治性」の権力テクノロジーに基づいた統治システムでは，「生物学的再生産」「経済的再生産」に加えて，資本主義経済システムのみでなく国民国家の再生産に寄与するという意味での「社会─政治的再生産」が相互に連関しながら機能することが保証されるように，国家の統治制度が整えられ，運営された。フーコーによれば，こうした統治システムが結実したのが20世紀の中盤以降，先進各国で実現された「ケインズ主義的福祉国家」であった（Foucault 2008：67-70）。

　「統治性」の統治テクノロジーに基づいた国民国家の統治システムでは，したがって，その領域内の国民に対して「家族」内でのジェンダー役割に対応した「善き生」を営むことを奨励し，そのための支援を行うことで，個々人（とその労働力）だけではなく，資本主義経済システムや国民国家の「再生産」を確保することが目指される。「生」を保障し，より善きものにするこうした「統治性」に根ざした統治の仕方は，しかしながら，国民国家の外に大量の「再生産されない人びと」を生み出す不可視化されていた暴力的な統治と深く結びつくことで成り立っていた。アシーリ・ムベンビは，「生政治」と対置される「死政治」（necropolitics）という概念を用いることで，西欧列強諸国内で「生政治」が発展した時期は植民地獲得競争と奴隷貿易が世界的に展開した帝国主義の時代であり，植民地化の対象とされた地域では，多くの人びとが「死ぬに任せる」ままの状態に打ち棄てられたことで，西欧列強諸国とは対照的に，人口が大幅に減少した事実に光を当てている（Mbembe 2019：15-24）。ムベンビが「デモクラシーの夜の身体」（nocturnal body of democracy）と呼ぶ植民地化と奴隷

貿易の対象とされた地域では，本国とは異なる法や原則が適用され，また，最新のテクノロジーが利用されることによって，残酷な大量殺戮と徹底した収奪的資本蓄積が「合理的に」行われたことに加え，奴隷売買の対象とされた人びとは市場で売買される生産のための手段として位置づけられ，文字通り「消耗品」として経済的生産のために「使用」された。

　ハナ・アーレントによる帝国主義論を援用して，ムベンビは，こうした「死政治」の展開を西欧列強諸国が自国の「外部」で「本源的蓄積」を続けることで，資本主義経済システムを維持し，「国民全体の破滅」を回避するために用いた統治のテクノロジーであると示唆している（Mbembe 2019：71-72）。こうしたアーレント＝ムベンビの議論からは次の2点の含意が得られる。第一に，「死政治」もまた，資本主義経済システムと国民国家を「合理的」に運営するための統治テクノロジーである「統治性」のオペレーションに不可欠な要素であること。ただし，第二に，「死政治」は特定の属性を持つ人びとの再生産を阻むことにより，列強諸国の資本主義経済システムと国家の「再生産」を可能にしてきたこと。後者の点に関して，アーレントは「人間の廃物」（human debris）という表現を使い，帝国主義時代の植民者たちが本国においては人種・エスニックの観点から周辺化されていたり，あるいは，経済停滞期に失業や経済的困窮の状態にあったりというように，国民国家内において「死政治」の対象とされていたことに注意を促している（Arendt 2017 [1951]：195）。こうしたアーレントの指摘と呼応するように，ムベンビは，「死政治」のダイナミクスは，行使者と対象者が絶えず変化し入れ替わっていく「憎悪のサイクル」を形づくっており，拡散する，言いかえれば，「再生産」されていく傾向が観察されると議論している（Mbembe 2019：39）。

　このように，「死政治」の側から「統治性」の議論を捉え直すことで，「統治性」のオペレーションが特定の人びとをその属性や特徴に応じて「生」と「死」の側に位置づけ，これにより，国際秩序において強国に位置づけられる国民国家内の「経済的再生産」と「社会—政治的再生産」が

実現されてきたことが浮き彫りとなる。この時，「生」と「死」の境を分かつ基準とされたのは，「統治性」に特徴的な統治のロジックである「支配の合理性」（Burchell 1996），つまり，特定の歴史的段階での経済的・政治的自由主義の理解に則った合理性や，ムベンビが着目する人種主義と植民地主義に限定されず，『社会は防衛されなければならない』講義シリーズで，フーコー自身が述べているように，歴史的には，科学的言説，特に生物学的言説や医学的言説がしばしば動員されてきた（Foucault 2003：256）。

　「社会的再生産」の代表的論者であるフェデリーチによる著書『キャリバンと魔女』は，「ジェンダー」に関する言説もまた，「生」と「死」への配置を分かつロジックとして動員されてきた歴史を詳らかにするものである。ヨーロッパのみならず植民地化された南北アメリカ大陸においても広範に行われた魔女狩りの記録を辿り，フェデリーチは，女性，特に，小作農などの社会・経済的ポジションが低い女性たちが「魔女」[6]として名指しされ，法の名の下に裁かれた歴史的過程が意味するのは，女性たちが独自の収入源や，身体とセクシュアリティをコントロールする能力・権限を暴力的に奪われて，妻や母という家族内のジェンダー役割を担い，家庭内無償労働に従事する以外の選択肢を持たなくなったという意味での女性の「再生産」能力の「囲い込み」であり，こうした過程を経て，女性に対する経済的搾取と抑圧が強化されたと指摘している（Federici 2021 [2004]）。このことは，資本主義経済の勃興期以来，女性にとっては家族内ジェンダー役割を引き受け，それをどのように遂行するのかということが「生政治」と「死政治」の境界線を定める意味合いを持ってきたことを示唆する。フェデリーチは，『キャリバンと魔女』の学術的な貢献を，フーコーが議論する「生政治」（彼女は「生権力」（bio-power）と表記している）が大規模な生命の破壊を伴っていたことを明らかにしたことであると認識し，したがって，自身の議論をフーコーへの批判と位置づけているが（Federici 2021 [2004]：9），「死政治」の観点を取り入れることで，彼女

の議論をジェンダーの観点から「統治性」の議論を精緻化する試みである
と理解することも可能である。

　以上で議論してきたように，「統治性」を「死政治」の側から捉え直し，
ジェンダー化することで，資本主義経済システムと国民国家内で，女性や
人種的他者といった特定の集団の「再生産」，あるいは「再生産されない
こと」が果たしている政治的機能を，具体的な国家の制度や政策，そして
排除の正当化を目的として動員される言説と関連づけて考察できるように
なる。とはいえ，これまで議論の対象としてきたのは，国家が統治システ
ムにおいて中心的な役割を担い，社会・経済的制度の整備・運用や社会
サービスの提供を行う19世紀から20世紀半ばまでの近代型「統治性」で
あった。これに対し，フーコーの講義を踏まえて，彼の死後，「統治性」
の議論を展開したグラハム・バーチェルやニコラス・ローズといった論者
たちは，1970年代以降の資本主義経済の構造変動に対応して，「統治性」
の統治テクノロジーが個々人によって内面化される形で「高度化」したこ
とに注目する必要性を指摘している。こうした「統治性」の高度化は，次
節で議論するように，「生物学的再生産」「経済的再生産」「社会—政治的
再生産」の連関に重大な矛盾を持ち込むことになった。

3　高度資本主義社会における「再生産」の隘路

　数多くの研究によってすでに論じられているように，1970年代以降の資
本主義経済システムと国家の構造転換は，新自由主義の原理や考え方の影
響力の拡大によって特徴づけられる。[7] イギリスのマーガレット・サッ
チャー政権とアメリカ合衆国のドナルド・レーガン政権に代表されるよう
に，現実政治の改革過程にも適用された新自由主義は，公的セクターの再
編成と市場の積極的活用といった形での国家の統治システムの制度上の変
革だけではなく，一連の規範的変化を誘発した。具体的には，個人が行為
したり組織が運営される際に参照される価値観として，規制緩和，競争の

促進，柔軟性や個別性，独創性，自律性，企業家精神，流動性などが強調されるようになり，これにより個々人の生活の仕方やふるまい方，世界認識の変化が促され，こうした変化は毎日の「生きた経験」（lived experiences）として具現化していった（Mirowski 2013；Davies 2017）。

　「統治性」の「高度化」を指摘する論者たちは，基本的には，こうした現代的状況への「新自由主義」の浸透に関する認識と診断を共有するが，他方で，彼らの間ではこの用語の使用を意図的に回避する傾向が観察される。たとえば，ローズは「新自由主義」という用語は曖昧であることに加え，フレデリック・ハイエクやミルトン・フリードマンといった「新自由主義」の理論家たちによる議論と現実の社会・政治過程で観察される「新自由主義」の展開が必ずしも適合的であるとは言えないという理由で，「高度自由主義」（advanced liberalism）という用語を採用している（Rose 1999, 2017）。にもかかわらず，1990年代以降のイギリスの経験に根ざしてローズが議論する「統治性」の「高度化」の結果として広く普及するようになった「高度自由主義資本主義社会」を生きる「企業家的主体」（enterprising self）の主体モデルは，教育や職業訓練，市民教育などのフォーマルな学習過程のみでなく，自己啓発本や広告，カウンセリングといったしばしば商業化された情報や機会を自律的・積極的に求め活用することで，自らの能力を高め，生と生活の最適化に励む合理的で意欲的な主体であり，そこには新自由主義の影響が色濃く反映されている。

　ローズが説明するところによれば，「企業家的主体」の中核にある「enterprise」という考え方は，企業（する）・事業・活動・積極性などの意味合いを含み，「企業家的主体」はこうした価値観を内面化した「その人自身についての企業家」であると理解される。彼らは自分自身や家族全体の経済的利益を増大するために適切に行為し，選択することを常に心がけ，そのために自己を向上する努力に熱心に取り組むと想定される。したがって，「企業家的主体」が社会で多数を占める状況においては，個々人が自律的に自分自身と家族の生と生活の最適化を図ると期待できることから，

国家が高いコストのかかる教育や就労訓練，福祉サービスなどの大規模な社会制度・サービスを展開し運営する必要性はなくなる。むしろ，ローズが述べているように，国家に期待される役割は，企業家的主体が必要な選択を確実に行い，十全に実現できるように，彼らを力づける（empower）ことである（Rose 1999：141-142）。この点においても，「統治性」の高度化された統治テクノロジーである「企業家的主体」と新自由主義に根ざした統治システムとの親和性が確認できる。

　「統治性」の統治テクノロジーが主体内の内在的メカニズムとして機能するということは，「統治性」が「人口全体」ではなく「個人」のレベルで作用するようになったことを意味する。この点の重要な帰結は，現代的な高度化した「統治性」は，個人の生への包摂あるいはそれからの排除，つまり，個人が「生政治」もしくは「死政治」へと配置されるメカニズムとして作用することである。その上で，一旦，排除の対象となり「死政治」の側に配置されると，個々人は当該政治共同体の成員（国民国家内では「国民」）から区別され，暴力的で残酷な取り扱いを受ける。フィリップ・ミロウスキによれば，周辺化されたり排除の対象となる社会経済的弱者が，残酷かつ暴力的な攻撃の対象とされるのは，新自由主義の考え方や規範が広く浸透した社会において広範に観察される現象である。新自由主義に根差す統治の実践は，実際には特定の規範を「上から」一方的に押しつけ強制するという反自由主義的・権威主義的傾向を内包していることから，人びとに強い不安と脆弱性の感覚を喚起するが，弱者を攻撃することで，そうした自己の内部に巣食う否定的な感情を他者に転嫁できる（Mirowski 2013：129-131）。言いかえれば，包摂されている者たちが包摂され続けるためには，排除された者が攻撃されなければならない。

　このように，新自由主義が深く浸透した現代的状況においては「死政治」への圧力が強くかかっており，こうした傾向は「再生産されない」人びとの範囲を拡大し，彼らの排除や抑圧を強化する方向に作用すると考えられる。既存の研究は，この点を裏づけている。「企業家的主体」モデル

に適合したように行為するキャパシティの有無，あるいはその程度は，市場でのポジショニングと密接に関係しており，したがって，高度化された「統治性」を通じて作用する現代的な排除のメカニズムの対象に陥りやすいのは，新自由主義的市場での競争で不利な立場にある高齢者や女性，人種的マイノリティ，貧困層，不安定な雇用に従事する労働者などであると想定されるが，たとえば，女性をめぐる状況は，「貧困の女性化」の議論に代表されるように，経済的搾取と排除の激化が洋の東西，先進国／途上国に共通して，近年，世界的に指摘されている（Bakker and Gill 2003；Walby 2011；Federici 2020［2012］）。「貧困の女性化」の主要なプッシュ要因は，グローバル化が進む中で，家族賃金の見直し・撤廃を含む雇用制度の変化や福祉国家システムの再編に加えて，無償で行われてきた家庭内労働の一部が市場に組み込まれるなどの国際的な経済構造の変化の過程を通じて，多くの女性が低賃金・不安定労働に従事するようになったり，あるいは移民労働者化していったことであった。経済的状況，特に雇用の不安定さや不確実性と出生率の間に存在する負の相関は，既存の研究によって確認されている（Vignoli et al. 2020）。

　社会経済的弱者に対する経済的搾取と抑圧の強化は，資本主義経済のオペレーションのあり方それ自体とも関連して議論されている。メキシコとアメリカ合衆国の国境地帯に位置するティファナのフェミニスト活動家であるサヤク・ヴァレンシアは，国際的に展開する売春や人身売買，麻薬・違法ドラッグ取引，臓器売買といった違法な経済活動が，グローバル経済の成長に不可欠な貢献をしていることに現代的な資本主義経済の特徴を見出し，「ゴア資本主義」（Gore Capitalism）という用語を提案している。たとえば人身売買においては，組織化された「男性的」な物理的暴力が行使されることを通じて，（多くの場合，社会経済的弱者の）身体そのもの，あるいはその一部が経済的交換の対象とされる。この過程で，身体や生命は，時に破壊されたり消尽されるが，労働力として行為遂行能力を発揮することは期待されていない（Valencia 2018）。言いかえれば，ゴア資本主

義では，経済交換の対象とされる者の身体や生命は，資本主義経済システ
ムにおいて富が産出されるための単なる「原材料」として扱われ，そうし
た「原材料」はしばしば略取されるので，ゴア資本主義では労働力の「再
生産」は問題とはならない。

　以上の議論から見えてくるのは，新自由主義的な資本主義経済システム
においては，「死政治」の側に打ち棄てられた人びとの「再生産」は問題
とされないことである。これに対して，別稿ですでに論じたように，新自
由主義的な資本主義経済システムに包摂された「企業家的主体」にとって
は，「生物学的再生産」「経済的再生産」「社会－政治的再生産」に関与す
るという積極的な選択を行うための合理的な根拠は存在していない（武田
2016；Takeda 2016）。グローバルに展開する資本主義経済システムにお
いては，コスモポリタンであることの経済効果は高いが，他方で，そうし
たグローバル・エリートは，同じ国民国家内の周辺部に居住する人びとと
必ずしも利害を共有していない。この点をデービッド・グッドハートは，
「anywheres」と「somewheres」の分断として論じているが，同書が提起
する大きな問題のひとつは，「anywheres」にとっては国民国家の「社会
－政治的再生産」を確保・維持することに「合理性」が存在しないことで
ある（Goodhart 2017）。

　新自由主義のロジックが染み込んだ高度化された「統治性」が作用する
現代的状況での「再生産」は，したがって，その継続的な実現が担保され
るための根拠を失ってしまっており，それゆえ，そもそも隘路に陥ってし
まう傾向があるように考えられる。次節では，この点を踏まえて現代日本
の再生産の「危機」を検討し，そこでどのような政治が展開しているのか，
理解することを試みる。

4　現代日本の再生産システムの機能不全

「統治性」の統治実践について議論する際に，日本という国家は，貴重

な事例を提供する。まず，国民国家の建設が開始された明治初期からアジア太平洋戦争という危機を経て，戦後の高度経済成長に至るまでの過程で，19世紀から20世紀半ばまでの近代型「統治性」に根ざした統治システムが漸次的に整備され，政府は国民運動や社会教育活動を介在させて国民の日常生活を国家の統治システムに接続し，また，「所得倍増計画」をめぐる言説に典型的に表れているように，国民国家の経済的繁栄と家族の豊かで幸福な生活を直接的に結びつけることで，合理的で，豊かな生活を営むように国民全体に対して積極的に働きかけた。人びとを「家族」に位置づけ，家庭内ジェンダー役割をしっかりと担うように促すことを通じて，国民経済だけでなく，国民国家の繁栄が目指された戦後初期の日本の統治システムは，「統治性」のモデル・ケースであるように観察される（Takeda 2005）。

　これに対し，過去の論文で指摘したように，日本での「統治性」の高度化は，前出のローズやマクロビーが議論したイギリスの状況と比べると，「個人化」という点において極めて限定的であったと言える（武田 2016；Takeda 2016）。シュトレークが説明しているように，女性の就業が選択ではなく事実上の義務へ移行したという日常生活を規定する資本主義経済の条件の変化と連動して（Streeck 2016：216-220），西欧諸国において税と社会保障制度が特定の家族モデルを前提としない個人単位の制度設計に転換した1980年代という時点において，日本の場合は，そもそも夫の扶養者としての年金権が認められる第3号被保険者制度や，配偶者特別控除の導入を通じて専業主婦という立場を公的に認知し，「男性稼ぎ主型家族」モデルを推奨するような制度改革が行われた（横山 2002）。その後，アジア経済危機を経て2000年代になると，「家族の構造改革」という掛け声の下で，従来の固定的なジェンダー化された家族役割に固執することの弊害や，婚姻したカップル間で稼得責任を共有することの重要性が政策文書で語られるようになるが（Takeda 2008, 2016），実際の制度改革は限定的で，「男性稼ぎ主型家族」モデルは現在に至るまで確固として残存している

（大沢 2013；田中 2017；宮本 2021）。また同時期，他の先進国では，家族の多様性はすでに，議論の当然の前提であったが，日本の政治過程において「家族」が語られる時は，基本的に日本人同士の異性愛家族に限定されていた（Takeda 2011）。こうした静態的な制度および規範的変化をめぐる状況は，先進諸国の中でも顕著に低いレベルにある国家による教育・子育て支援・生活保障関連支出とあいまって（柴田 2016；田中 2017），毎日の日常生活を営むことを通じて労働力の消耗から恢復し，次世代を育成するということ，すなわち，「生物学的再生産」「経済的再生産」「社会─政治的再生産」は，もっぱら家族が責任をもって担い，実現するべきことであるという前提が堅固として続いてきたことを意味する。別の言い方をすれば，日本の状況は現在に至るまで，1950年代まで遡ることができる近代型「統治性」に根ざしたアプローチ，つまり，日本の国民を家族に位置づけ，これを単位としてローズが議論した意味において「企業する」（enterprise）努力を行うように奨励するアプローチをいまだに取り続けていると見なせる。

　家族の状況とは対照的に，労働市場の改革は，新自由主義に強く影響された方向で1990年代半ば以降，急速に進んでいき，非正規雇用に代表される不安定な雇用形態は，女性のみでなく男性の間でも拡大していった（熊沢 2007）。雇用という家族の日常生活のあり方に深く影響する領域での新自由主義的制度改革は，「企業家的主体」の主体モデルが日本政府による公的な政策文書だけでなく，マスメディアや広告，ライフスタイルに関する指南本といった媒体を通じて広く喧伝された過程によっても補完されていた。たとえば，前述した「家族の構造改革」に関連して生活未来懇談会が政府の諮問に応じて提出した報告書『生活大航海　未来生活への指針』は，2030年の日本の家族生活の予想として，婚姻したカップルがお互いに経済的に支え合い，自己の望むキャリアを実現したり，共働きカップルが自ら積極的に情報収集を行い，公的制度・私的セクターによって提供される各種サービスを有効活用して子どもの保育を最適化するといったように，

自律的で有能かつ自己充足的，意欲的な個人が，幸福な家族生活を築き，営む構想を提示している（Takeda 2011：54-56）。こうした事例は，ミロウスキが「統治性」の権力テクノロジーの作用と同定する「日常の新自由主義」（everyday neoliberalism）が，日本においても浸透したことを示唆する（Mirowski 2013；Takeda 2008）。

　「家族」という制度的・規範的枠組みが堅持されたまま，「企業家的主体」として生活することが奨励されるという状況は，前節で述べた「企業家的主体」にとっては「生物学的再生産」「経済的再生産」「社会—政治的再生産」に積極的に関与することには合理的な根拠が存在しないという論点を踏まえると，それだけでも少子化傾向を招く方向に作用すると考えられる。とはいえ，この問題は「女性」集団の観点からより深く考察される必要があり，特に次の 2 点は検討に値する。第一に，家族内ジェンダー役割によって家族の主要な運営者・管理者とみなされてきた日本の女性の観点からすると，前出のシュトレークの指摘のように労働することが義務である現代的な状況において「企業家的主体」であることは，意欲的で有能な職業人であり，同時に妻・母であることを求められることを意味するが，こうした要請に公的な家族支援が乏しい日本の制度環境で応えることは容易でない。さらに，「企業家的主体」であるからこそ，職業と家族役割を有効かつ効果的に行うように強く動機づけられ，それが果たせない時の失望も大きい。中野円佳はこうした状況を「育休世代のジレンマ」と呼び，意欲が高く優秀な女性ほど，出産後に離職する傾向がある日本の労働現場の構造を批判したが（中野 2014），このことは何らかの理由（親などの人的資源が活用できる，私的サービスを購入する十分な資力がある，など）で仕事と家族責任を満足のいく形で両立できる一握りの女性以外は，自らを「企業家的主体」モデルから外れた「不適格者」として認知しやすいことを示唆する。別の言い方をすれば，日本では，女性が排除され，「死政治」の側により追い込まれやすい制度構造と規範的枠組みが存在すると考えられる。

　関連して第二に，ウェンディ・ブラウンは，アメリカ合衆国において新自由主義の影響力が優勢になっていった過程において，競争が全面化した危険な社会において安息の場所と見なされる「ホーム」の安全を確保しようとする衝動が高まったことにより，個人や企業，あるいは宗教組織などの私的な団体が，国家の政策や司法制度を利用して私有財産や家族的伝統，プライバシーの保護を強く求める傾向が顕著となり，その結果，「父権主義的な保護主義の形で国家の権能が拡大」したと議論している（Brown 2018：34；Brown 2019）。これに対し，日本においては，戦後初期の「統治性」の統治テクノロジーを継続する形で，家族が私的な空間であるという装いを維持しながら，国家そのものが積極的に上から制度改革を仕掛け，公的な統制を持ち込む介入を行った。家族の保護と成員間の相互扶助を義務として位置づける自民党憲法改正案や，三世代同居を促す住宅政策など，特に第二次安倍政権以降，政治の側から「伝統的」でナショナリスティックな家族観を強調する政策態度が強く押し出されるようになった一方で，「選択的夫婦別姓」といった「伝統的」家族観に抵触する政治課題は政権党によって一貫して退けられてきた。2017年に出版された論文集において，本田由紀が，先に触れた憲法改正案のみでなく，家庭教育支援法などの法案・制度の提案を例として，「家族の内部に踏み込んだ特定のあり方を法律や制度で一つの型にはめようとしている」と議論しているように（本田 2017：11），近年，「家族」に関する規範性が国家による「上から」の制度構築や改正を通じて強制される事例が散見される。その上で，第二次安倍政権下では，官製婚活の実施が促されたり，早期の妊娠・出産を奨励する「ライフプラン教育」が教育現場に導入される，あるいは出生率に数値目標が取り入れられるといったあからさまな出産奨励策にとどまらず（斉藤 2017），文部科学省によって配布された副教材に掲載されたグラフが，22歳を過ぎると急に妊娠が難しくなるように見えるように改竄されるなど（西山・柘植 2017），国家が女性に出産することを強く求める傾向が見られるようになった。2010年代以降のこうした展開は，日本の女性にとって，

どういった家族を形成し，どのように家族生活を運営するのかという問題が，公的な権力行使の対象となっていたことを意味する。

　以上の議論から見えてくるのは，冒頭で紹介したように，安倍元首相によって「少子化問題＝国難」という危機の言明がなされた2017年秋までには，女性と家族をめぐる状況は「近代型」と「新自由主義型」の「統治性」の2つのモデルの間で引き裂かれていただけではなく，「良き」家族形成を求める国家による圧力が特に女性に対して強まったことで，家族の生活を通じた「死政治」への圧力が意識されやすい状況にあったと考えられる。こうした文脈において発せられた「少子化問題＝国難」というメッセージに，統制的で抑圧的な側面を読み取るのは難しいことではない。そこでは，日本国の首相が国民の生活を「守る」と言いながら，具体的な施策を提案することなく，軍事的安全保障上の脅威と少子化問題を並列した上で，少子化を「国難」として名指しし，スローガンのように繰り返し連呼した。つまり，このメッセージにおいては，国家の役割は軍事的危機の発生可能性が存在する環境における「守護者」として抽象化されており，他方で，実態としては管理・運営において女性が中心的な役割を担う家族によって，子どもが産み育てられることの必要性が殊更に強調された。

　すでに別稿で論じたように，新型コロナ・パンデミックという危機は，家族が家族として日常生活の様々な問題を自分たちで処理しながら，自律的に生活を成り立たせていくことで「企業する」ことが求められるという状況に変化をもたらすことはなく，家族責任を持つ女性たちには感染症対策においても主要な役割を果たすことが求められた（武田 2022）。他方で，新型コロナ・パンデミックは，高齢・若年単身女性や女性ひとり親といった標準家族の枠組みから外れる女性たちが「死政治」に曝され続けている日本の現実を可視化した。（雨宮 2021；堅田 2021）。特に，各種助成金・給付金の性風俗業界への適用をめぐり現在も進行中の法廷闘争は，日本の資本主義経済システムが，身体や感情を商品化する女性が多く存在する「ゴア資本主義」であることを公の場で露呈した。これらの点を踏まえる

と，現代日本において「再生産」が「危機」に瀕しているのだとしたら，その原因は，日本の人びと，特に女性たちが，「死政治」への圧力が強く意識される環境において日常生活を営むことを強いられているという制度構造と規範的枠組みにあると考えられるのではないだろうか。

5 「再生産」を主軸とした経済システム・統治システムへ

　興味深いことに，令和4年度版『男女共同参画白書』では，新型コロナ・パンデミックの負の影響が女性に強く偏ったという問題を正面から受けとめて，「人生100年時代における結婚と家族～家族の姿の変化と課題にどう向き合うか～」という特集が組まれており，そこでは，この問題の背景を，「ひとり親世帯や単身世帯の増加等，家族の姿が変化しているにもかかわらず，男女間の賃金格差や働き方等の慣行，人々の意識，様々な政策や制度が，依然として戦後の高度成長期，昭和時代のままとなっていること」と説明している（内閣府男女参画局 2022：3）。その上で，白書は，今後取り組まれるべき政策課題として，①女性の経済的自立を可能とする環境の整備，②様々な政策の制度設計において，家族の姿が多様化していることを念頭におく必要，③女性の早期からのキャリア教育，④柔軟な働き方の浸透，⑤男性の人生も多様化していることの認識，の5点を挙げている（内閣府男女参画局 2022：96-98）。

　令和4年度版『男女共同参画白書』に先立って，2022年6月3日に公表された「女性活躍・男女共同参画の重点方針2022（女性版骨太の方針2022）」[8]案は，「長引く新型コロナウイルス感染症の影響は，男女共同参画の遅れを改めて顕在化させた」という認識を白書と共有し，現状を打開していくために，第5次男女共同参画基本計画に着実に取り組むことに加えて，①女性の経済的自立，②女性が尊厳と誇りを持って生きられる社会の実現，③男性の家庭・地域社会における活躍，④（第5次男女共同参画基本計画に盛り込まれた）女性の登用目標達成の5項目を，新たな課題とし

て設定している。このうち「女性の経済的自立」は，岸田内閣が掲げる「新しい資本主義」の中核に位置づけられており，重点方針案では「女性が長い人生を経済的困窮に陥ることなく生活できる力をつけることは，女性本人のためにも，また我が国の経済財政の観点からも，喫緊の課題である」（すべての女性が輝く社会づくり本部・男女共同参画推進本部 2022：2）という認識が示されている。こうした提案は，男性の育児への「参画」の奨励と，政治や行政，民間セクターでの女性の登用を進める提案によって補完されているが，今年度から新たに付けられた「女性版骨太の方針2022」という副題と相まって，約20年前の小泉政権時代に喧伝された，女性の就労の加速を通じて経済システムと家族の生活の「構造改革」を実行するという試みの繰り返しであるようにも読めてしまう。さらに，すでに触れたように，シュトレークによれば，先進諸国では女性の労働はずっと以前に「義務」となっており，加えて，育児を積極的に行う「新しい父親」になるように男性を再教育する政府によるキャンペーンは，「安価ではあるが，実効性には疑問符が付く」選択肢である（Streeck 2016：220）。

　より根本的な問題として，白書や「女性活躍・男女共同参画の重点方針2022」では，「再生産」の問題が十分に考慮されていない。「生物学的再生産」「経済的再生産」「社会―政治的再生産」の観点から上記の提案を見直すと，女性たちが「経済的に自立していない」という言い方は不正確でしかなく，実際には，女性の再生産機能と役割に，男性と資本主義経済システム，そして国民国家が依存しているという見方ができるはずである。にもかかわらず，政府による提案は，そうしたことを言明しないまま女性に「上から」就労へのプレッシャーをかけるにとどまり，このことは，女性の観点からすると，相も変わらず良き再生産の担い手であるとともに，良き生産の担い手でもあることを求められているに過ぎない（Takeda 2008）。

　これに対して，コロナ危機を踏まえた「統治性」の議論では，国民の生活保障において国民国家が中心的な役割を果たす近代型「統治性」に回帰

し，国民を保護する制度を再整備する重要性が指摘されている（Bratton 2021；Gerbaudo 2021）。しかしながら，こうした提案では「統治性」がはらむ「死政治」への圧力は考慮されておらず，また，家族という制度的・規範的枠組みが特に強固に維持されてきた日本の特殊事情を踏まえると，近代型「統治性」が家父長制的関係に補完されてきたことをとりわけ重く受け止める必要がある。このように考えていくと，現在，求められているのは，家父長制と新自由主義型資本主義経済の問題を同時に乗り越えていくような構想であろう。そのためにも，たとえば，『ケア宣言』（The Care Collective 2020）が議論するように，誰もが依存関係にあることを前提とした上で，「ケア」関係を基軸とし，「生産」に対して「再生産」を優先する観点から資本主義経済システムと統治システムを構想し直していく方途を探ることは有益であるだろう。

注

1）　https://www.ipss.go.jp/syoushika/tohkei/Popular/Popular2022.asp?chap=4　（最終アクセス2023年2月15日）；https://www3.nhk.or.jp/news/html/20220603/k10013655791000.html　（最終アクセス2023年2月15日）

2）　『朝日新聞』2022年6月3日電子版　https://www.asahi.com/articles/ASQ632HBDQ62UTFL00N.html（最終アクセス2023年2月15日）

3）　たとえば，1990年1月に「これからの家庭と子育てに関する懇談会」によって出された報告書は，少子化の傾向を「深刻で静かなる危機」と形容している。報告書は次のURLで閲覧できる。http://www.ipss.go.jp/publication/j/shiryou/no.13/data/shiryou/syakaifukushi/396.pdf　（最終アクセス2023年2月15日）

4）　ナンシー・フレイザーはラーヘル・イエッギとの対談で，「社会的再生産」の議論の軌跡を簡潔に整理している（Fraser and Jaeggi 2018：31-35）。

5）　J. K. ギブソン-グラハムは，ミッシェル・バレットによる「社会的再生産」論への批判（Barrett 2014［1980］）を参照しながら，「社会的再生産」という用語の使い方には資本主義的生産の条件の再生産，本稿が議論する意味での「生物学的再生産」，労働力の再生産という意味合いがすべて含まれており，したがって，用語そのものがそもそも非常に曖昧であることを確認した上で，そうした用語が領域

(sphere) という隠喩的空間 (metaphorical) に配置されたことにより，議論がさらに錯綜したものになったと指摘している (Gibson-Graham 2006：33)。この指摘は，「社会的再生産」が国家の具体的な政治過程と関連づけられることなく議論されてきた問題を考察する上で，非常に示唆的である。

6) フェデリーチは，魔女狩りが盛んに行われていた時期が資本主義の勃興期であり，階級関係が急激に変化しつつあったこと，また，下層階級に属する人びとの生存状況が悪化していたことにより上層階級の間で下層階級に対する恐怖の感覚が高まっていたことに注意を払う必要性があると指摘している (Federici 2021 [2004]：188-196)。

7) 紙幅の関係上，ここでは限られた例のみ示すが，たとえば，Blyth (2002)，Crouch (2011)，Harvey (2005) など。

8) https://www.gender.go.jp/kaigi/honbu/gijisidai/pdf/22/2.pdf（最終アクセス2023年2月15日）

参考文献

〈邦語文献〉

雨宮処凛 (2021)『コロナ禍，貧困の記録——2020年，この国の底が抜けた』かもがわ出版。

大沢真理 (2013)『生活保障のガバナンス——ジェンダーとお金の流れで読み解く』有斐閣。

堅田香緒里 (2021)『生きるためのフェミニズム——パンとバラの半資本主義』タバブックス。

熊沢誠 (2007)『格差社会ニッポンで働くということ——雇用と労働の行方をみつめて』岩波書店。

斉藤正美 (2017)「経済政策と連動する官製婚活」本田由紀・伊藤公雄編『国家がなぜ家族に干渉するのか——不安・政策の背後にあるもの』青弓社，87-120頁。

柴田悠 (2016)『子育て支援が日本を救う——政策効果の統計分析』勁草書房。

すべての女性が輝く社会づくり本部・男女共同参画推進本部 (2022)「女性活躍・男女共同参画の重点方針2022（女性版骨太の方針2022）」(https://www.gender.go.jp/kaigi/honbu/gijisidai/pdf/22/2.pdf　最終アクセス 2023年2月15日)。

武田宏子 (2016)「『再生産』とガバナンス——政治社会学から」東京大学社会科学研究所・大沢真理・佐藤岩夫編『ガバナンスを問い直す [I]　越境する理論のゆくえ』東京大学出版会，161-191頁。

武田宏子（2022）「ジェンダーからパンデミック下の生政治・死政治を考える」年報政治学2022-I, 15-34頁。

田中拓道（2017）『福祉政治史——格差に抗するデモクラシー』勁草書房。

内閣府男女参画局（2022）『男女共同参画白書（令和 4 年度版）』勝美印刷（https://www.gender.go.jp/about_danjo/whitepaper/r04/zentai/pdf/r04_print.pdf　最終アクセス 2023年 2 月15日）。

中野円佳（2014）『「育休世代」のジレンマ——女性活用はなぜ失敗するのか？』光文社。

西山千恵子・柘植あづみ編（2017）『文科省／高校「妊活」教材の嘘』論創社。

本田由紀（2017）「なぜ家族に焦点が当てられるのか」本田由紀・伊藤公雄編『国家がなぜ家族に干渉するのか——不安・政策の背後にあるもの』青弓社，7-24頁。

宮本太郎（2021）『貧困・介護・育児の政治——ベーシックアセットの福祉国家へ』朝日新聞出版。

横山文野（2002）『戦後日本の女性政策』勁草書房。

吉川慧（2017）「『国難解散選挙だ』安倍首相が解散を表明。会見で何を語った？」*HAFFPOST*，2017年 9 月25日（https://www.huffingtonpost.jp/2017/09/25/pm-abe_a_23221745/　最終アクセス 2023年 2 月15日）。

〈外国語文献〉

Arendt, Hannah（2017［1951］）*The Origin of Totalitarianism*, London：Penguin Books.

Bakker, Isabella（2007）"Social Reproduction and the Constitution of a Gendered Political Economy," *New Political Economy*, 12(4)：541-556.

Bakker, Isabella and Stephen Gill（eds.）（2003）*Power, Production and Social Reproduction*, Basingstoke, Hampshire：Palgrave Macmillan.

Barrett, Michèle（2014［1980］）*Women's Oppression Today : The Marxist Feminist Encounter*, 3rd Edition, London：Verso.

Blyth, Mark（2002）*Great Transformations : Economic Ideas and Institutional Change in the Twentieth Century*, Cambridge：Cambridge University Press.

Bratton, Benjamin（2021）*The Revenge of the Real : Politics for a Postf-pandemic World*, London：Verso.

Brown, Wendy（2018）"Neoliberalism's Frankenstein：Authoritarian Freedom in Twenty-first Century 'Democracies'," in W. Brown, P. E. Gordon and M. Pensky (eds.), *Authoritarianism : Three Inquiries in Critical Theory*, 7-43. Chicago, Illinoi : University of Chicago Press.

Brown, Wendy (2019) *In the Ruins of Neoliberalism, the Rise of Antidemocratic Politics in the West*, New York, NY : Columbia University Press.

Burchell, Graham (1996) "Liberal Government and Techniques of the Self," in A. Barry, T. Osborne and N. Rose (eds.), *Foucault and Political Reason*, 19-36. Abingdon, Oxon : Routledge.

Crouch, Colin (2011) *The Strange Non-Death of Neoliberalism*, Cambridge : Polity.

Davies, William (2017) *The Limits of Neoliberalism : Authority, Sovereignty and the Logic of Competition*, Revised Edition, London : Sage Publications.

Donzelot, Jacques (1997) *The Policing of Families*, translated by Robert Hurley, Baltimore, Maryland : The Johns Hopkins University Press.

Federici, Silvia (2019) *Re-Enchanting the World : Feminism and the Politics of the Commons*, Oakland, CA : PM Press.

Federici, Silvia (2020 [2012]) *Revolution at Point Zero : Housework, Reproduction, and Feminist Struggle*, Second Edition, Oakland, CA : PM Press.

Federici, Silvia (2021 [2004]) *Caliban and the Witch : Women, the Body and Primitive Accumulation*, London : Penguin Books.

Foucault, Michel (2003) *'Society Must Be Defended' : Lectures at the Collège de France 1975-1976*, translated by D. Macey, London : Allen Lane.

Foucault, Michel (2007) *Security, Territory, Population : Lectures at the Collège de France 1977-1978*, translated by G. Burchell, Basingstoke, Hampshire : Palgrave Macmillan.

Foucault, Michel (2008) *The Birth of Biopolitics : Lectures at the Collège de France 1978-1979*, translated by G. Burchell, Basingstoke, Hampshire : Palgrave Macmillan.

Fraser, N. and R. Jaeggi, (2018) *Capitalism : A Conversation in Critical Theory*, Cambridge : Polity Press.

Gerbaudo, Paolo (2021) *The Great Recoil : Politics after Populism and Pandemic*, London : Verso.

Gibson-Graham, J. K. (2006) *The End of Capitalism (As We Know It) : A Feminist Critique of Political Economy*, New Edition, Minneapolis, MN : University of Minnesota Press.

Goodhart, David (2017) *The Road to Somewheres : The Populist Revolt and the Future of Politics*, Oxford : Oxford University Press.

Hall, Stuart (1988) *The Hard Road to Renewal : Thatcherism and the Crisis of the Left*, London : Verso.

Hall, Stuart (2017 [1998]) "The Great Moving Nowhere Show," in *Selected Political Writings : The Great Moving Right Show and Other Essays*, 283-300. London : Lawrence and Wishart.

Harvey, David (2005) *A Brief History of Neoliberalism*, Oxford : Oxford University Press.

Hay, Colin (1995) "Rethinking Crisis : Narratives of the New Right and Constructions of Crisis," *Rethinking Marxism : A Journal of Economics, Culture & Society*, 8(2) : 60-76.

Hay, Colin (1996) "Narrating Crisis : The Discursive Construction of the 'Winter of Discontent'," *Sociology*, 30(2) : 253-277.

Hay, Colin (1999) "Crisis and the Structural Transformation of the State : Interrogating the Process of Change," *British Journal of Politics and International Relations*, 1(3) : 317-344.

Jessop, Bob (2002) *The Future of the Capitalist State*, Cambridge : Polity Press.

Luxton, Meg (2006) "Feminist Political Economy in Canada and the Politics of Social Reproduction," in K. Bezanson and M. Luxton (eds.), *Social Reproduction : Feminist Political Economy Challenges Neo-Liberalism*, 11-44. Montreal & Kingston : McGill-Queen's University Press.

Mbembe, Achille (2019) *Necropolitics*, translated by Steven Corcoran, Durham, NC : Duke University Press.

McRobbie, Angela (2000) "Gender and the Third Way," *Feminist Review*, 64 : 97-112.

McRobbie, Angela (2009) *The Aftermath of Feminism : Gender, Culture and Social Change*, London : Sage Publications.

Mirowski, Philip (2013) *Never Let a Serious Crisis Go to Waste : How Neoliberalism Survived the Financial Meltdown*, London : Verso.

Polanyi, Karl (2001 [1944]) *The Great Transformation : The Political and Economic Origins of our Time*, Boston, MA : Beacon Press (カール・ポラニー (1975)『大転換──市場社会の形成と崩壊』東洋経済新報社).

Rhodes, R. A. W. (1994) "The Hollowing out of the State : the Changing Nature of the Public Service in Britain," *The Political Quarterly*, 65(2) : 138-151.

Rose, Nikolas (1996) "Governing "Advanced" Liberal Democracy," in A. Barry, T. Osborne and N. Rose (eds.), *Foucault and Political Reason*, 37-64. Abingdon, Oxon : Routledge.

Rose, Nikolas (1999) *Powers of Freedom : Reframing Political Thought*, Cambridge : Cambridge University Press.

Rose, Nikolas (2017) "Still 'Like Birds on the Wire'? Freedom after Neoliberalism," *Economy and Society*, 46(3-4) : 303-323.

Strange, Susan (1996) *The Retreat of the State : the Diffusion of Power in the World Economy*, Cambridge : Cambridge University Press.

Streeck, Wolfgang (2016) *How Will Capitalism End? : Essays on a Failing System*, London : Verso.

Takeda, Hiroko (2005) *The Political Economy of Reproduction in Japan : Between Nation-State and Everyday Life*, Routledge Curzon.

Takeda, Hiroko (2008) "Structural Reform of the Family and the Neoliberalisation of Everyday Life in Japan," *New Political Economy*, 13(2) : 153-72.

Takeda, Hiroko (2011) "Reforming Families in Japan : Family Policy in the Era of Structural Reform," in R. Richard and A. Alexy (eds.), *Home and Family in Japan : Continuity and Transformation*, 46-64. Abingdon, Oxon : Routledge.

Takeda, Hiroko (2016) "Power over Family Policy : Governing of or Governing through Individuals," in G. Steel (ed.), *Power in Contemporary Japan*, 93-107. New York : Palgrave Macmillan.

The Care Collective (2020) *The Care Manifesto : The Politics of Interdependence*, London : Verso (ケア・コレクティブ『ケア宣言——相互依存の政治へ』岡野八代・冨岡薫・武田宏子訳, 大月書店).

Valencia, Sayak (2018) *Gore Capitalism*, translated by John Pluecker, Cambridge, MA : The MIT Press.

Vignoli, D., L. Mencarni, and G. Alderotti (2020) "Is the Effect of Job Uncertainty on Fertility Intentions Channeled by Subjective Well-Being?" *Advances in Life Course Research*, (46), available online (https://reader.elsevier.com/reader/sd/pii/S1040260820300204?token=EB62429DA0ABE1841C2991192E5550B9E8F42BB40840869118328 A D 3 FEA2E2FA10EB0A34EA065CEB 50A66002 AC AD B7D5 &

originRegion=us-east-1&originCreation=20220612063500 最終アクセス 2023年 2
月15日）.

Walby, Sylvia（2011）*The Future of Feminism*, Cambridge：Polity Press.

（たけだ・ひろこ：名古屋大学）

アメリカにおける食品安全政策とリスク管理
——危機時と平時の観点から——

早川有紀 ［関西学院大学］

1 課題設定と先行研究

　科学技術の発展に伴い，リスクに対する規制や管理の問題に対する研究関心が特に1990年代以降に高まり，様々な研究領域で知見が蓄積されてきた。新しく生まれた技術が社会に導入されたり，地球環境が温暖化したりするなど，環境が大きく変化するなかで，各国が考慮しなければいけないリスクは今後も増えることが予想される。また，2019年に発生した新型コロナウイルス（COVID-19）の災禍は大きく，改めて今，政府や規制機関が危機やリスクにいかに対峙するかが問われると同時に，危機を回避するためにどのようにリスク管理を進め，状況に合わせて変化させるかにも注目が集まった。

　リスク管理の変化について，先行研究では 2 つのタイミングが示されている。一つは危機時である。危機管理（crisis management）論は，大きな事件や事故が生じた緊急時に問題に対する社会全体の注目度が高まることで，何らかの政治的な決定につながり，これによりリスク管理が見直されるとする。危機管理論におけるリスク管理は，危機が発生しないように予防や抑止といった事前の対策を求めるものであり，リスク管理と危機管理は時間軸によって連続的に捉えられ，相互に影響を与え合う関係であると理解できる（伊藤 2014：1-4；亀井 2018：164-165；武田 2020：14-16）。危機管理論は，もともとアメリカで安全保障政策における国家の緊急事態

への対応時の枠組みとして発展し，その後は災害をはじめとする大きな事
故・事件における枠組みとして利用されるようになった（McLoughlin
1985）。

　もう一つのタイミングは，リスクアナリシス（risk analysis）論で指摘
される平時である。リスクアナリシスとは，リスクを最小限に抑えること
を目的とした分析手法で，リスクを専門的に分析し評価する「リスク評
価」，リスクにかかわる政策形成全般を担う「リスク管理」，リスクについ
て市民，専門家，行政機関，マスコミなど広く社会で議論をする「リスク
コミュニケーション」から構成される（山田 2003）。こうした過程でリス
ク管理が見直されることになる。リスクアナリシス論は，1990年代半ばか
ら国際規格食品委員会（コーデックス委員会）を中心にリスクの影響を最
小限に抑えることを目的として発展し，食品安全政策をはじめとする公衆
衛生分野や環境分野で先進諸国間で共有されてきた。

　どちらかといえば，危機管理論は規制の大幅な強化や急進的な見直し，
リスクアナリシス論は規制の小幅な変更や漸進的な見直しと，それぞれ結
び付けられる傾向にある。たとえば大きな政策変化は，大きな事件や事故，
あるいは消費者が危険にさらされる時，特にリスクが危機として認識され
た時に，生じやすくなると理解される（たとえばAlbertson and Gadarian
2015；Birkland 2006）。また漸進的な政策の見直しについて，たとえば歴
史的制度論の考え方からは，日常の規制活動の中で規制の適用範囲や基準
を漸進的に見直す，あるいはルールを変えずに運用方法を見直されること
が考えられる（たとえばStreeck and Thelen 2005）。

　しかし，理論から導かれるタイミングと実際の政策変化との関係は，必
ずしも十分に分析されているとはいえない。危機が規制を促進する役割を
果たすとする主張もあれば（Newman and Howlett 2014），危機が改革に
結びつく効果は限定的であるとする主張もある（Boin and 't Hart 2003；
Boin et al. 2008）。つまり，危機が生じることによってリスク管理が大き
く見直されるとは限らず，また逆に，平時であってもリスクアナリシスの

過程でリスク管理に大きな変化が生じることが考えられる。また，危機管理論とリスクアナリシス論のように 2 つのタイミングを分けて分析すると，危機と平時を通じて関わっているはずの規制機関が政策変化で果たす役割や，リスク管理の長期的な変化に焦点が当たりにくくなってしまう。

　このため本稿では，規制機関がどのようなタイミングでリスク管理を導入するのか，さらに一度導入された規制はどのように強化されるのか，また，規制機関がリスク管理を強化するタイミングや内容にはどのような特徴があり，それはどのような過程を経て強化されるのか，を問う。後で説明するように，本稿ではアメリカの食品安全政策を扱うことで，リスク管理と危機管理の関係や規制政策の革新と継続性の特徴と課題について分析する。

2　分析視角と方法

　前述したように，本稿ではリスク管理政策，具体的には危険を未然に防ぐことをより重視した予防型の規制の導入，およびその見直しに着目する。予防型の規制とは，生じる蓋然性の高い対象を規制するコマンドアンドコントロール型（command and control）の政策手段だけではなく，危険を未然に防ぐことをより重視した予防型（precautionary measure）の政策手段を指す。たとえば，環境リスクに対するポジティブリスト型の規制，リスク評価時の代替手段検討の必須化，自主的な規制の義務づけ，民間企業の挙証責任の明確化，危険性をめぐる幅広い情報収集，安全側に立った政策形成等がそれに当たる（Myers and Raffensperger 2006）。そもそも安全に関する規制は，許認可制度や登録制度に代表されるように，コマンドアンドコントロール型の手法が採られていても，事前介入という点では予防的である。しかし本稿で対象とする予防型の規制とは，危険が生じる蓋然性を前提とせずに未然防止を重視するものとする。

　リスク管理の導入および見直しについては，前述したリスク管理をめぐ

る議論から，危機時と平時という 2 つのタイミングに着目するが，特に次
の 2 つの観点に注目する。

　一つは，危機時と平時の区別である。前述したように，危機管理論とリ
スクアナリシス論では危機時と平時のリスク管理の捉え方が異なる。そし
て先行研究では，特に災害，事件や事故など社会的に注目度の高い出来事
が生じる際，何らかの政治的・政策的な変化の契機となることが示されて
きた。これは，危機が人々や組織の認知に影響を与えることによってそれ
に対応するため（Comfort, 2007），また危機によって問題を取り巻く認知
の枠組みである「フレーミング」が変化する（Boin et al. 2008, 2009）た
めである。そこで本稿では，問題に対する注目度が高い状態，つまりイ
シューセイリアンス（issue salience）が高い状態を，人々に解決の必要
性があると認知された危機的な状態にあるとみなす。社会的な関心は時期
により変化するものであり，必ずしも政策的決定に結び付くものではない
が，[1] 社会的な関心の高まりにより何らかの政治的な決定につながることも
ある（Baumgartner and Jones 2009）。またイシューセイリアンスの高低
によって政策過程に参加するアクターのパターンが異なると確認されてい
るため，[2] 本稿では危機的な状況をセイリアンスの高い状態と理解して，そ
のような状況下にない場合を平時として区別する。

　もう一つは，危機時と平時の連続性である。前述したように，危機管理
論では，リスク管理と危機管理は相互に影響を与え合うもの，つまり連続
的なものとして捉えられている。時間的な連続性がもたらす政治・政策的
効果は歴史的制度論を中心に議論が進められてきた。歴史的制度論に端を
発する政策フィードバック論では，政策形成の時間的な順序や連続性に着
目し，先に規定された政策内容がその後に続く政治的決定に影響を与える
とされる（Pierson 1993）。[3] つまり，規制当局が新しい政策課題に直面し
たとしても，その対応を考える際には，それ以前の課題（あるいは，それ
と似た課題）に対してどう対応したかという過去の規制改革の帰結が，次
の改革に影響を与える。このため，規制の見直しが検討される決定前の状

況や，リスク管理の有無が規制の導入にどのような影響を与えたか，さらには一度導入されたリスク管理の運用がその後の規制に影響を与えたかも考慮に入れて分析する必要がある。

　具体的な分析対象として，アメリカにおける1990年代半ば以降の食品安全政策を取り上げる。アメリカは20世紀に入ってすぐ食品安全対策を開始し，研究の進展とともに食品安全基準やそのシステム開発をリードする存在であった。1990年代に入ってからその役割をEUにとって代わられたとされるものの（Vogel 2012），1990年代以降も規制の見直しは進められている。特にアメリカの食品安全政策の中で転換点になったのは1980年代から90年代であり，人の健康と食品に起因する疾病との関係性に注目が集まった。食品安全政策の関心は，食品の添加物を中心とした化学物質規制から，サルモネラ菌や腸管出血性大腸菌O-157などの病原性微生物の問題に移行した（Merrill 1997；徳田1999）。こうした中でクリントン政権は，1997年に「食の安全イニシアティブ──農場から食卓まで（Food Safety Initiative：Food Safety from Farm to Table)」を発表して，リスク評価の向上を目指す方向性を打ち出した。その結果，アメリカでは，食品安全政策における予防的な規制が強化される状況が整った。

　また，アメリカ政治では大統領と議会多数党が政策課題の決定に大きな影響力を持つとされ，食品安全政策でも食品産業や農業などの利益団体から政党に対するロビイングが存在する（Nestle 2010）。しかし，国内の規制政策では，所管省庁や規制当局が規制システムを形成する初期の段階で重要な役割を果たしたり（Carpenter 2010），策定過程を通じて規制内容に大きな影響を与えたりすると理解されており（Potter 2019），規制当局がリスク管理をどのように見直してきたか，注目する意義がある[4]。さらに，1990年代以降に政治的分極化が進んだアメリカにおいても，食の安全に関する政策について民主党と共和党支持層の選好は離れておらず，共に政府の介入を好む傾向が確認されている（Biedny et al. 2020）。このため，リスク管理をめぐる規制の革新と持続性の関係を通時的に見るうえで適した

事例といえる。[5]

　アメリカにおいて食品安全にかかわる法律は，連邦レベルにおいて一元的に管理されるわけではなく，その対象によって目的別に様々な機関により所管されている。本稿は，アメリカの食品安全に関して8割を占める食品を規制対象とする連邦規制機関である米国保健社会福祉省（United States Department of Health and Human Services：HHS）に属する食品医薬品局（Food and Drug Administration：FDA），さらに農薬使用について責任を担う米国環境保護庁（United States Environmental Protection Agency：EPA）を中心に分析する。FDAは米国内の食肉と卵を除くすべての食品の安全性に対して責任を持ち，動物用も含めた医薬品の安全性や有効性の評価，食品中の化学物質の残留許容基準の設定，使用方法の制限，およびそのモニタリングを行う。EPAは，農薬の登録および使用条件を規制すると同時に，残留許容基準，農薬の使用状況の監督等を行う。

　そして，食品安全に関して主要な法律のリストを参照して，[6] 両組織が所管する食品安全，農薬使用，食品製造に関連する主要な法律を分析する。具体的には，連邦食品医薬品化粧品法（Federal Food, Drug, and Cosmetic Act：FFDCA），連邦殺虫剤・殺菌剤・殺鼠剤法（Federal Insecticide, Fungicide, and Rodenticide Act：FIFRA），食品品質保護法（Food Quality Protection Act：FQPA），市民の健康安全保障およびバイオテロリズムへの準備・対応法（Public Health Security and Bioterrorism Preparedness and Response Act of 2002：Bioterrorism Act of 2002，以下，バイオテロ法），食品安全強化法（Food Safety Modernization Act：FSMA）である。[7]

　以下では，まずそれぞれの法について連邦広報（Federal Register）のデータベースを用いて規制改革のインパクトと予防的規制の内容を見ることで，注目すべき規制改革を挙げる。そして，それらと新聞記事データベースをもとにイシューセイリアンスとの関係を分析することで，それぞ

れの食品安全をめぐる規制改革に特徴的に見いだされるパターンを析出す
る。これに基づいて各パターンの規制改革について事例分析することで，
予防的規制の内容および導入や見直しにどのような過程や特徴があったの
かを明らかにする。

3　1990年代以降のアメリカの食品安全政策における見直しの類型

　本稿で分析対象とするそれぞれの法律の主な所管，内容，予防的規制に
関する特徴について成立年順にまとめたものが表1である。食品安全政策
の土台を支える連邦食品医薬品化粧品法や連邦殺虫剤・殺菌剤・殺鼠剤法
は，早期に制定された後に見直しが進められ，大幅な改革は1990年代以降
に進んでいることが確認できる。

　各法律の下に置かれる規則（Rule）がどの時期にどの程度見直されてい
るのかを明らかにするため，それぞれの法律に関連する規則の見直し状況
を，農薬と食品安全（製造）に大別して図1と図2に示した。安全性をめ
ぐる基準は，法律に書き込まれずに，議会を通す必要のない規則によって
見直されることが多い。また，新たな立法や法改正が行われる場合，当該
法にかかわる規則も制定あるいは見直されることになる。このため，規則
の制定時期と見直し回数を見ることで，どれほどの頻度で規則が見直され
たかを測定することができるほか，新しい法律や規則ができた時に，それ
がどの程度インパクトを与えたかを測定することができる。

　図1の農薬に関する規則については，1996年に食品品質保護法が制定さ
れたことで，それに関連する規制である連邦食品医薬品化粧品法および連
邦殺虫剤・殺菌剤・殺鼠剤法が大きく見直されている。次に，図2の食品
安全に関する規則の見直しである。2010年代に入ってその頻度が減ってい
るものの，定期的な見直しが行われていることがわかる。また，バイオテ
ロ法によって多くの規則が形成されたことが確認できるほか，食品安全強
化法も，バイオテロ法ほどではないものの，制定後に規則制定やその見直

表1　各規制の特徴

法律名	主な所管	成立年	内　容	特　徴
連邦食品医薬品化粧品法 (FFDCA)	FDA	1938	食品の安全性の監督，（添加物等の）食品基準の設定，工場検査の実施	幅広い領域をカバー。'54残留農薬，'58食品添加物，'60色素添加物の規制が加わる
連邦殺虫剤・殺菌剤・殺鼠剤法（FIFRA）	EPA	1947	農薬の登録，使用，残留農薬基準の規制	'72の見直しで人の健康への影響重視へ
食品品質保護法 (FQPA)	EPA	1996	農薬に関する基準の厳格化。リスク評価の強化	人の健康へのリスク評価，子供などへの安全配慮
バイオテロ法 (Bioterrorism Act of 2002)	FDA	2002	国内および国外の食品製造施設に関する情報提出の義務づけ	食品施設に関する情報収集（トレーサビリティ制度の導入），輸入管理
食品安全強化法 (FSMA)	FDA	2011	食品施設に対するハサップ導入，FDAの国内外への検査・監督権限の強化	ハサップ義務づけ，FDAの海外への検査権

出典：筆者作成。

しが行われていることが確認できる。

　以上の規制のインパクトと予防的規制の内容から，注目するべき法律や規則の見直しとして挙げられるのは，1996年に制定された食品品質保護法，2002年に制定されたバイオテロ法，2011年に制定された食品安全強化法である。

　食品品質保護法は，農薬に関するリスク評価を大幅に強化した法律である。これにより，人の健康に対するリスクと経済・社会・環境に対する便益を比較分析する「リスク便益分析」から，人の健康への悪影響を評価する「リスク評価」へと重心が移行した。また，発がん性物質の食品への使用を禁止するデラニー条項が廃止され，農薬の毒性と曝露量が総合的に評価される総合暴露量での評価に移行した。さらに，農薬に対して脆弱な，乳幼児のようなアクターに対する安全性の基準がより厳格化された。これにより農薬制度は，これまでのように危険なものだけを規制するネガティブリスト制度から，安全性が確認できたもののみ使用を認めるポジティブ

図1　農薬に関する規則の見直し

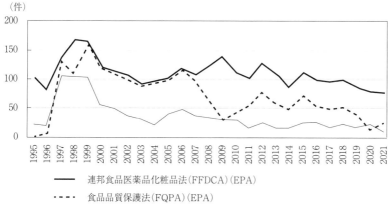

注：横軸は年，縦軸は件数。
出典　Federal registerより筆者作成。

図2　食品安全に関する規則の見直し

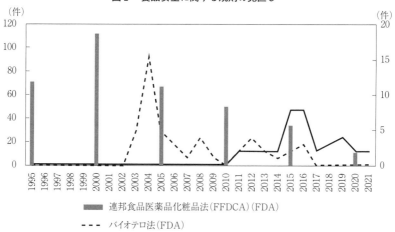

注：横軸は年，左縦軸は連邦食品医薬品化粧品法，右縦軸はバイオテロ法と食品安全強化法の件数。
出典：Federal registerより筆者作成。

図3　食の安全に関するイシューセイリアンス

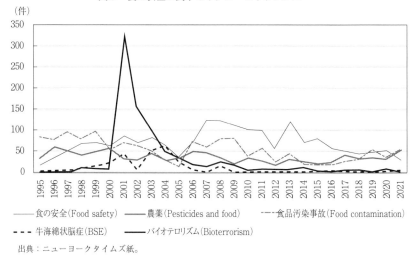

（件）

出典：ニューヨークタイムズ紙。

凡例:
—— 食の安全（Food safety）　—— 農薬（Pesticides and food）　---- 食品汚染事故（Food contamination）
- - - 牛海綿状脳症（BSE）　—— バイオテロリズム（Bioterrorism）

リスト制度へと移行した。

　そしてバイオテロ法は，人間および動物向けの肉類と卵類を除くすべての食品や飲料水の製造事業者に対して，食品施設を登録すること，事業者に対して米国内に輸入食品を出荷する際にFDAに対する事前通告すること，そして当該食品に関する記録の整備や保持することを義務づける規制である。これにより，アメリカ国内の食品について原料から製造，加工，消費までを追跡可能にするトレーサビリティ制度が導入されたと理解できる。米国に輸出される食品の最終製造・加工食品施設も規制対象となるため，国外の食品施設も含めて食品の製造や流通に関して情報収集が強化されることになった。

　最後に，FDAが食品事故発生後の検証よりも危害の事前防止に重点を置くことで，食品事故に対する予防管理（preventive control）を強化したのが食品安全強化法であり，これにより規制のあり方やFDAの権限が大きく見直された。具体的には，米国内で消費される食品を製造，加工，包装，保管するすべての施設について，FDAへの登録とその更新を義務

表2　食品安全に関するリスク管理改革の類型（1990年代後半～2010年代）

	イシューセイリアンス	過去の類似する予防的規制の有無	規制改革の帰結	
			規制基準	規制当局の規制権限
食品品質保護法(1996)	×目立たない	×	◎リスク評価基準の大幅な見直し，ポジティブリスト制度導入など大幅強化	○EPAの規制・監督権限拡充
バイオテロ法(2002)	◎バイオテロについて特に高い	×	○国内（外）の食品製造施設にトレーサビリティ導入	○FDAの食品製造施設への規制・監督権限拡充
食品安全強化法(2011)	○食品事故について一定程度あり	○バイオテロ法，ハサップ実施例	○ハサップ範囲を国内食品製造全体・輸入食品にも拡大	◎FDAの規制・監督権限が国内外に大幅拡大

出典：筆者作成。

づけ，対象の施設ではハサップ（Hazard Analysis and Critical Control Point：HACCP）[10]を取り入れた措置の計画および実施を義務化した。また，輸入食品の安全対策強化のため，これまで監督権限の対象外であった外国施設にもFDAの検査権限を認め，FDAの検査・監督権限の大幅強化が図られた。

　図3は，食品安全に関するイシューセイリアンスについて，ニューヨークタイムズ紙においてそれぞれのテーマがどの程度取り上げられたかを見たものである[11]。まず，食品安全のテーマは，2000年代後半から2010年代前半にかけて大きく注目されている。食品事故との関係では，1990年代後半から2000年代にかけて多く報道が見られる[12]。他方，農薬と食品に関する報道は毎年一定程度あるものの，増減は目立たない。そしてバイオテロリズムは，2001年9月に発生した世界同時多発テロ事件の後，数年間にわたり大きく報道された。

　以上，規制内容の特徴，規則の見直しの頻度とインパクト，イシューセイリアンスから，1990年代後半から2010年代の食品安全規制改革を類型化したものが表2である。まず，過去の予防的規則の有無について，食品安全強化法以外に予防的規制を行うものは存在しなかった。また，改革が行われた際のイシューセイリアンスは，農薬や農薬の安全性においては低く，

食品事故，特にバイオテロに対しては高い状況にあった。規制改革の帰結についてみると，どの規制改革も新たな規制基準や規制当局の規制権限を強化させることによって予防的規制を前進させている。しかし，規制基準については新しい規制基準に対して過去の基準に修正を加えた程度をみると，食品品質保護法は大幅なリスク評価の基準の見直しやポジティブリスト制度の導入など，特に変化が大きい。また，規制当局の規制権限についてみると，食品安全強化法は規制機関であるFDAの権限を国内外に向けて強化したという点で数十年ぶりの大きな改革であったと評価されるほど，[13] 通常の規制や監督権限の拡大以上に権限が拡大したため，規制権限が大幅に拡大したと評価できる。

　本稿の関心に即して3つのパターンを分析する際，平時と危機時の事例間比較，また過去の予防的規制の有無による事例間比較が重要である。平時と危機時の比較という観点では，食品品質保護法とそれ以外でイシューセイリアンスの程度が異なり，過去の予防的規制の有無という観点では，食品安全強化法とそれ以外とで条件が異なる。このため，次節では個別の事例分析と事例間比較分析を組み合わせることで，これらの相違や過程の特徴を検討する。

4　事例分析——規制改革のパターン

（ 1 ）　食品品質保護法（FQPA）

　アメリカ連邦政府による初めての農薬規制はUSDAが所管した1910年の連邦殺虫剤法（Federal Insecticide Act）であった。第二次世界大戦後は食糧需要が増えたことで農薬の使用が拡大し，連邦殺虫剤法の全面改正が必要になり，1947年に連邦殺虫剤・殺菌剤・殺鼠剤法（FIFRA）が制定された。この法律では，米国内で配布・販売される農薬について登録制度が採用されたが，もともと環境や健康に悪影響のある農薬を規制することが主目標ではなかったため，登録対象とした「農薬」の定義が限定的で

あった。1960年代以降，農薬が環境に与える悪影響が広く社会に認知され
たことで連邦殺虫剤・殺菌剤・殺鼠剤法は何度か改正され，1970年に
EPAが新設された際に，その所管はEPAに移された（徳田 1995：29-30）。

　EPAは，連邦殺虫剤・殺菌剤・殺鼠剤法に基づき，農薬利用により生
じる便益と，使用によって生じる経済・社会・環境に対する悪影響を分析
する「リスク便益分析」によって当該農薬の登録の可否を判断し，そのう
えで農薬使用に関する許容量を設定する。しかし，その運用段階において，
「デラニーパラドックス」と呼ばれる状況を抱えていた。デラニーパラ
ドックスとは，1958年に定められた「デラニー条項（Delaney Clause）」
という，人や動物に対する発がん物質を含む添加物（残留農薬を含む）の
食品への使用を一切禁止することを定めた条項に関係する。具体的にデラ
ニー条項は，連邦食品医薬品化粧品法（409条）の加工食品中の農薬残留
許容基準の中で規定されている。このため，連邦殺虫剤・殺菌剤・殺鼠剤
法で農薬使用によって便益が生じると判断された使用許可農薬に対しても，
発がん物質が含まれる場合には連邦食品医薬品化粧品法（409条）によっ
て使用が禁止されることになる。つまり，連邦殺虫剤・殺菌剤・殺鼠剤法
で認められる農薬が未加工の農作物に使用できたとしても，その農作物が
加工される段階で連邦食品医薬品化粧品法が適用され，使用が禁止される
という矛盾，すなわちデラニーパラドックスが生じる（Committee on
Scientific and Regulatory Issues Underlying Pesticide Use Patterns and
Agricultural Innovation 1987：23-44）。

　このためEPAは，デラニー条約が農作物中の残留農薬許容基準の策定
過程に対して与える影響について，全米科学アカデミー（National
Academy of Science）の全米研究協議会農業委員会（Board on
Agriculture of National Research Council）に検討を依頼した[14]。同委員会
は，1987年に「食品中の農薬規制――デラニーパラドックスレポート」
（*Regulating Pesticides in Food : The Delaney Paradox*）を公表した。

　報告書は，デラニー条項において発がん性や農薬にどの程度触れるかと

いう暴露量を一切考慮しない「ゼロリスク基準」が採用されることで，た
とえ社会に総合的に便益を与える農薬の存在が新たに判明したり，あるい
は開発されたとしても，その便益を享受できず，古い農薬を多く使用し続
けて健康や環境に悪影響が出ることを懸念した。このため，EPAが取り
うる方針として，「無視できるリスク」基準（negligible-risk standard）
が示された。「無視できるリスク」基準とは，たとえ発がん性物質が含ま
れていても，その毒性と暴露量を総合的に評価して農薬の使用を認める基
準であり，これにより人が食事から摂取する農薬暴露量を減らせるとした
（*Ibid.*, 12-14）。報告書の内容を受けて，EPAでは発がん性の恐れのある
物質に対しても「無視できるリスク」基準を採用して，食品中の残留農薬
として認める方針を採用した。

　しかし，1992年に「無視できるリスク」基準が適用された四種類の殺虫
剤の使用禁止を求めて環境保護団体（天然資源協会：National Resources
Defense Council）がEPAを訴えた裁判で，連邦裁ではこの基準を否定し
た（LES v. Reilly判決）。すなわち，連邦裁はデラニー条項の新たな解釈
を否定したことになる。このことにより，必要とされるのに使用できない
農薬が再び増えたため，EPAはこうした状況を早く解決することを望ん
だ（McGarity 2001：111-112）。また，EPA以外の関係者も，デラニー条
項が時代にそぐわないという共通認識を有していたものの，どのように変
えるかという点については議論がある状況であった。[15]

　また，同じ時期に環境保護団体は，農薬が乳幼児に与えるリスクに着目
した。母親を中心とする環境保護グループ（Mothers and Others for a
Livable Planet）は，議会やEPAに対して農薬が乳幼児にもたらすリスク
について考慮するように求めた。[16] これに対してEPAは，農薬が既存の規
制制度の下で乳幼児にもたらすリスクについて，全米研究評議会に調査を
委託した。1993年に同評議会は，「乳幼児および子供の食事中の農薬」
（*Pesticides in the Diets of Infants and Children*）と題する報告書を作成
した。ここでは，当時の法規制が乳幼児への農薬の暴露の影響を考慮して

いないことが公表されるとともに，大人と子供では農薬の毒性への耐性に
違いがあり，幼児期の発達における脆弱性への配慮が必要であることが指
摘された（Committee on Pesticides in the Diets of Infants and Children
1993）。

　他方，議会でも，農業・化学業界の利益を代表するグループからデラ
ニー条項の見直しを求める動きが出て，検討が進められた。第103議会で
は合意に至らなかったものの，その内容に基づいて下院の農業委員会と通
商委員会を中心に議論と交渉が続けられ，その合意の結果として，1995年
5月12日に共和党のトーマス・ブライリー下院議員が農薬改革法案
（H.R.1627）を提案した[17]。これは，デラニー条項を廃止して，EPAが
「無視できるリスク」を示すレベルで許容範囲を設定することを許可し，
乳幼児を含む農薬に脆弱な集団の食事から摂取される農薬量を考慮した農
薬基準を設定するよう求めるものであった。

　この法案は，農業・化学業界の利益を代表するグループからだけではな
く，環境保護や公衆衛生を重視するグループからも支持された[18]。双方が合
意可能になった理由として，デラニー条項を廃止して「無視できるリス
ク」基準に置き換える代わりに，そのリスク評価にあたって農薬の影響に
脆弱な乳幼児と子供を適切に保護する基準を設定したことが挙げられる
（McGarity 2001：115）。超党派の合意が形成された新しい法案は7月23
日に下院で全会一致で可決され，修正なしで7月24日に上院で可決された。
そして，クリントン大統領が8月3日に署名して，食品品質保護法は成立
した。

（2）　バイオテロ法（Bioterrorism Act of 2002）

　アメリカの連邦レベルで初めて食品安全に関する法として定められたの
は，1906年に制定された純粋食品医薬品法（Pure Food and Drug Act）
である。純粋食品医薬品法は，FDAの前身である連邦化学局（Bureau of
Chemistry）が所管し，食品の異物混入や偽装を防ぐことを目的としてお

り，食品に対する有害物質の添加を規制するのではなく，成分表示を求めるに過ぎなかった。しかし，1937年に起きた医薬品による死亡事故を契機として政府が安全性を十分に確認する必要性が認識されたことで，翌年，純粋食品医薬品法は廃止され，連邦食品医薬品化粧品法が成立し，FDAの所管となった。連邦食品医薬品化粧品法は，FDAによる食品や医薬品の安全性基準，添加物の許容値，表示の虚偽規制，新薬の安全性に関する監視権限を定めたほか，法律に違反した際の査察，起訴等を通じた裁判所から事業者に対する差し止め命令を定めた（大沢 2020：70-74, 76-77）。

　しかし，連邦食品医薬品化粧品法は，次の2つの理由で，FDAが食品製造に関する事前規制や監視を行うことを規定するものではなかった。一つ目は，法律目的に起因する規制内容の不十分さである。連邦食品医薬品化粧品法では，純粋食品医薬品法でも重視された食品の純度と健全性を保つことが主たる目的とされ，添加される物質の安全性を確保することが重視された。このため，FDAは，食品製造施設を検査したり，情報追跡したり，製品回収したりする権限を持たなかった（Thomas 2014：26-27）。

　二つ目は，組織の体制や財源不足による実施体制の不十分さである。アメリカの連邦レベルにおいて食品政策に関わる法律や組織は断片化されており，[19] また食品の8割を規制対象としつつも，FDAは省庁付属で独立機関ではないうえ，食糧に関する予算の20％を占めるにすぎないとされる（Thomas 2014：30）。このため，FDAは食品の安全を確保するための人員，予算が慢性的に不足しており，製造業者の監視が困難な状況を抱えていた。[20]

　一方，連邦議会では食品安全に関するシステム分断や食中毒問題について関心が寄せられていた。1997年，上院の政府問題委員会（Committee on Governmental Affairs）では，複数の機関がアメリカの食品安全を担っていることが問題視され，単一の食品規制機関創設の必要性に関する議論が続けられていた（大沢 2020：89）。

　2001年9月11日に発生した世界同時多発テロ以降，アメリカでは食品が

標的になる可能性があるとして，食の安全強化が大きな課題になった。また，同年９月と10月に，アメリカの報道機関や出版社，上院議員に対して炭疽菌の入った容器が入った封筒が複数送られ，５人が死亡するというバイオテロ事件が起きた。この事件は，一般市民も危険にさらされるとして，食品安全の強化問題に対する社会的関心をさらに高め，立法の必要性が社会に広く認識されることにつながった。

　食品業界は規制の範囲やFDAの権限が拡大することに対して否定的であり，そういった内容が規制に盛り込まれないようロビー活動を行ってい[21]た。しかし，2001年12月11日に共和党のビリー・トーザン下院議員により法案（H.R.3448）が第107議会に提出され，国家や州の公衆衛生の問題とテロへの対応という国家の安全保障の問題が強く関連づけられ，超党派的な合意が形成されたことで[22]，12日に下院で，20日に上院でそれぞれ可決され，大きな修正もなく翌2002年６月12日にブッシュ大統領の署名により法が成立した。

　この法の成立に伴い，FDAは2004年にトレーサビリティに必要な記録の保存に関する規則を制定し，記録が必要な食品は従来の連邦食品医薬品化粧品法と同じ「食品」であることが明確になった[23]。この規則により，テロなどの緊急事態の場合だけでなく，従来から食品全般に関連するリスクや意図的な改ざんについても，企業が記録を保持しなければならないこととされた（Roller et al. 2009：580）。

（３）　食品安全強化法（FSMA）

　連邦食品医薬品化粧品法は，前節で説明したように，食品製造に関する事前規制や監視を行うことを規定したものではなかった。このことが改めて問題視されたのは，2000年代に入ってFDAが規制対象とする食品（野菜，卵など）による事故が多く発生したことにある。また，こうした状況に対して世論は，連邦政府による食品安全システムの見直しや基準の強化を支持した（Straus 2011：353）。さらに消費者団体は，食品事故の多発

に対して加工食品業界や被害者と協力して，加工食品業界のハサップモデル，農家向けの生産ガイドライン，輸入食品のより厳格な管理を含む包括的な法規の必要性を国会議員に訴えた（DeWaal et al. 2013）。

　また，2000年代には輸入食品の増加やそれに関連する食品安全問題も注目されるようになった。FDAは，アメリカで消費される食品全体の10〜15％，野菜や果物の６割が海外から輸入されていることを公表した。また，1980年代と比べると2000年代の魚介類の輸入量は約２倍になった。しかし，FDAではごく限られた少人数のスタッフが輸入製品の１％の現物検査をしていたにすぎず，検査実施体制も不十分であった（日本貿易振興機構 2011：6）。このため，FDAは輸入食品の安全性を確保することも重要な課題として認識した（FDA 2007：8）。

　度重なる食品事故や輸入食品の増加を受け，2007年７月にジョージ・W.ブッシュ政権は，輸入食品の安全性に関する統合作業グループ（Interagency Working Group on Import Safety）を設置し，アメリカ国内で増加する輸入食品の安全性確保に向けた対策を求めた。また，FDAも，食品事故や輸入食品に関する問題を受けて，2007年11月に食品保護プラン（Food Protection Plan）を作成した。その中でFDAは，食品事故の予防，食品供給網への介入，危害の最小化に向けた迅速な対応の必要性を強調した（FDA 2007）。このように，FDA内においても食の安全性への対応強化方策について検討が進められてきた。

　こうした中，特に社会的な影響が強かった食品事故として指摘されるのは，2008年に発生した，サルモネラ菌によるピーナッツバター製品のリコール問題である（Thomas 2014：143-161）。バージニア州に本社を置く企業のピーナッツ加工工場で製造したピーナッツ製品に含まれていたサルモネラ菌により，９人が死亡，少なくとも700人弱が罹患し，アメリカ史上最も多い食品の自主的リコールを引き起こした。この事件により，食品施設における病原菌の発生に対する規制や監督が，連邦政府，州政府ともに十分に行いうる法体制になっていなかったことが改めて明るみになっ

た。

　この事件は，2008年のアメリカ大統領選挙で多くの候補者の注目を集め
た。このため，2009年1月に成立したオバマ政権は，ブッシュ政権時に設
立された輸入品に特化した作業グループを改編し，食品安全に焦点を当て
た。また，有権者の89％は連邦政府が新しい食品安全政策をとることを望
んでおり，83％は政府が食品安全に対する責任を負うべきであると考えて
いたことから明らかなように，当時世論の食品安全改革を望む声は大き
かった。このため，議会内でも本格的な食品安全改革法案が練られること
になった。

　食品安全改革法案は下院案と上院案に分かれた。下院案は民主党のジョ
ン・ディンゲル（John Dingell）下院議員が提出した食品安全強化法案
（Food Safety Enhancement act of 2009）である（H.R.2749）。上院案は
民主党のリチャード・ダービン（Richard Durbin）上院議員が提出した
FDA食品安全現代化法案（FDA Food Safety Modernization Act）であ
る（S.510）。双方ともにFDAの権限強化という点で共通しており類似し
ていたが，手数料負担の方法に違いがあった。すなわち，下院案では事業
者が施設の登録手数料を支払うことを規定したのに対して，上院案では再
検査や輸入事業者の不履行などFDAが追加行動をとる場合のみ事業者が
手数料を支払うこととしていた。小規模農家や中小企業では，規制が強ま
ることに対する費用負担が問題視されたため，上院案ではそれへの配慮が
なされていた。

　両法案は調整が図られ，最終的には小規模農家や中小企業への配慮が加
えられたFDA食品安全現代化法案（H.R.2751）が利害関係者の支持を得
て，超党派的な合意が形成されたことから，2010年12月19日に上院，21日
に下院で可決され，翌2011年1月4日にオバマ大統領が署名し成立した。
この法律により，FDAに強制的にリコールできる権限が与えられ，バイ
オテロ法で導入されたハサップをさらに徹底するために，海外を含む食品
製造施設に対する視察やリスク管理が強化された。この内容は，FDAが

2007年に作成した食品保護プランとも方向性は一致した。

（4）　事例間比較分析

　これまで3つの事例における規制改革について分析した。本稿の分析視角からパターンを比較し，そこからわかる特徴を示したい。

　まず，リスク管理の改革の平時と危機時の違いという点から，平時の食品品質保護法（事例1）とそれ以外（事例2，3）の事例を比較する。食品品質保護法の改革では，農薬の安全性に対する一般の関心はさほど高くなく，EPAや環境保護団体と農業・化学の団体，一部議員の関心が高いという状況での改革であった。農薬使用規制を所管するEPAは，デラニー条項が存在することで連邦殺虫剤・殺菌剤・殺鼠剤法の実施に矛盾を抱える状況にあったため，これについて全米研究協議会に諮問を行い，その報告書で示された「無視できるリスク」基準を活用しようとした。それは裁判の判決により否定されたものの，一つの考え方として提示されたことになる。さらにその後，環境保護団体からの要請を受けて，EPAは再び農薬の乳幼児や子供に対する影響について全米研究協議会に諮問を行った。この時に示された子供など脆弱な集団に配慮した農薬基準の設定は，食品品質保護法にも取り入れられ，農薬・化学団体と環境保護団体の妥協を導き出すことになった。このように，連邦殺虫剤・殺菌剤・殺鼠剤法が抱える課題について，外部の専門機関による評価や勧告を活用して新しい基準設定へつなげることで，EPAが平時の規制改革を進めていたことが示唆される。

　また，危機時（事例2，3）に共通した特徴は，危機により注目を集めることで，政治的課題として取り上げられるよりも前に規制当局が認識していたリスク管理の検討案が，実際の改革にも含まれたことである。バイオテロ法で問題とされた食品施設の製造工程の管理は，もともと連邦食品医薬品化粧品法で，法律目的と実施体制の不十分さから課題とされてきたことであった。また，議会における1990年代後半以来の食品安全規制の強

化への関心の高さからも，FDAが抱える課題として関係者が認識してい
たといえる。2001年の世界同時多発テロを契機として，バイオテロリズム
に対する脅威が高まり，食品安全強化が求められるようになると，バイオ
テロ法によって国内（外）の食品施設に対してトレーサビリティ制度が導
入された。

　さらに，食品安全強化法に関しては，食品事故や輸入食品の増加に対す
る食品検査体制の不十分性への懸念がかねてから共有され，FDA内でも
予防的な規制の方向性が具体的に検討されていた。そしてピーナッツ製品
の食中毒事件を契機として，世論や議員の間でも改革の機運が高まると，
FDAが検討した内容が法案に組み込まれる形で規制案の検討が進められ
た。また，特に輸入食品についてはバイオテロ法の課題が政権を超えて引
き継がれ，さらにバイオテロ法で導入されたトレーサビリティのシステム
が食品安全強化法でさらに強化され，ハサップの実施のためにFDAの権
限も拡大した。このように，規制当局が，イシューセイリアンスが高まる
前から検討してきたリスク管理の課題を，改革に組み込んだことがわかる。

　次に，過去の予防的規制の存在の有無が規制改革に与える影響という点
から，過去に先行して導入された規制や似た規制が存在した食品安全強化
法（事例3）と，それらが存在しない事例（事例1，2）を比較したい。
食品安全強化法では，バイオテロ法の成立により導入されたトレーサビリ
ティが強化され，その実施を確実なものにするために，FDAの権限や範
囲が大幅に拡大された。バイオテロ法はもともと緊急時の対応を念頭に置
いていたが，規則制定の段階で従来の食品安全規制と適合するものになっ
た。このため，バイオテロ法を前提として議論された食品安全強化法では，
食品製造に関する監督権限や規制権限が国内のみならず国外にも及ぶもの
とされた。このことは，改革前に導入された規制が，規制基準のみならず
規制機関の権限を含めた更なるリスク管理強化の足がかりになったことを
示している。

　他方，過去に先行する規制が存在しなかった事例では，新しい基準やシ

ステムを取り入れたり，これまでの規制内容を見直したりすることはあっても，食品安全強化法のような規制機関の大幅な権限拡大には至らなかった。これは，特にバイオテロ法で見られたような食品業界の規制強化に反対する勢力が存在するためと考えられる。このため，過去に導入されたリスク管理が存在する場合は，そうでない場合と比べてその後の改革により規制がより強まること，すなわち過去に導入されたリスク管理が，その後の規制改革を強める役割を果たすことが示唆される。

5　結論と課題

　本稿では1990年代半ば以降のアメリカの食品安全政策を対象に，リスク管理の変革と持続性について検討することを目的として，改革のタイミングと過去の改革の影響という2点に着目して分析を進めた。分析の結果，平時の見直しでは，規制機関が抱えるリスク管理の課題について，専門機関による勧告を活用して規制改革を進めていたこと，また危機時の見直しでは，規制機関が危機発生前から認識してきたリスク管理の課題や対応策が改革に活かされていたことが確認された。また，過去に導入されたリスク管理は規制改革を前進させる一つの要因となることが明らかになった。危機は改革の必要条件ではないが，Newman and Howlett（2014）で示されたように規制改革を促す契機となることが確認された。

　アメリカでは大統領と議会多数党が改革の課題設定に大きな影響力を持つと理解されるが，本稿の分析結果は，食品安全政策におけるリスク管理改革では，平時から専門組織とかかわりながら継続的にリスク管理に取り組んでいる規制当局の重要性を示している。もちろん本稿の分析領域は限定的で留意が必要ではあるものの，食品安全に関する規制のように政府介入に対する政治的な合意がある程度形成されやすい政策領域において，規制当局が平時にリスク管理をいかに進めるかが危機対応においても重要と考えられる。このため，今後は平時のリスク管理の見直しの方法やタイミ

ング，その過程についてさらなる分析が必要である。

注

1 ）　たとえば，Downs（1972）。松田（2005）はその理由を政治家の認識や不確実性
への直面と関係することを示す。

2 ）　たとえば日本の著作権法や刑事政策の事例について，京（2011；2016）。政策領
域により規制空間を構成するアクターが異なる（村上 2016）とも理解できる。

3 ）　秋吉（2019）は日本の規制改革を事例として，時間的配列など規制改革における
時間の要素に着目することの重要性を明らかにしている。

4 ）　もちろん特色あるプログラムの実施を行う州の存在が連邦規制に影響を与えるこ
とも考えられる（たとえば，西山 2010）。しかし公衆衛生分野において州政府は基
本的には連邦政府の法に沿った規制を制定しており，連邦政府が最終的に国家全体
のリスク管理の導入・見直しを行うという点に着目する。

5 ）　もちろん，事例分析によって得られる含意については慎重になる必要がある。こ
の点については結論部分で記述する。

6 ）　Committee to Ensure Safe Food from Production to Consumption（1998）；
Congressional Research Service（2016）。

7 ）　食品安全規制の範囲について，肉類や卵に対する規制，農作物（グレードに関す
る基準など），牛乳，水産加工物，食品パッケージ，飲料水，アルコール，一般的
な貿易に対する規制等は分析対象から除外している。

8 ）　それぞれの法律名の「Rule」について発行元組織，年ごとにカウントした。連邦
食品医薬品化粧品法はFDA，EPAがそれぞれ発行元である規則を見たが，医薬品
や化粧品に関する規則は除いた。なお，規則は実施の具体的ルールであることから
法制定の 2 ， 3 年内に制定や見直しが行われている傾向にあった。

9 ）　規則の作成段階においては，所管省庁によって予備的な討論の機会が提供された
り，規則案に対してはNotice of Proposed Rulemakingによって事業者，消費者な
ど利害関係者に対する参加の機会が設けられたりする（Yackee 2019）。

10）　ハサップとは，事業者が食中毒菌汚染等の危害要因をあらかじめ把握（Hazard
Analysis）したうえで，原材料入荷から製品出荷までの全工程の中で，危害要因を
除去低減させるために特に重要な工程を管理し（Critical Control Point），製品の
安全性を確保する衛生管理手法である。

11）　Baumgartner and Jones（2009）に倣ってニューヨークタイムズ紙を用いた。
ニューヨークタイムズ紙について，ニュース，記事，社説・論説，特集記事に分類

される内容を年ごとにまとめた。京（2016）を参考に，検索は "法律名" OR "キーワード" の形とし，キーワードは検索用語の候補や記事カテゴリーの用語を参考に関連する一般用語を用いた。

12）　CDC FoodNet Fast（https://wwwn.cdc.gov/foodnetfast/）で示される人口10万人当たりの食中毒発生件数との関係からも，必ずしも食中毒の発生率の増加と報道とは一致していない。

13）　たとえば Strauss（2011）。

14）　全米研究協議会は，政府から独立した専門家組織である全米科学アカデミーに設置されており，様々な委員会が政府や議会に対して勧告や評価を行う。

15）　Jill Abramson and Timothy Noah, "In GOP-Controlled Congress, Lobbyists Remain As Powerful as Ever – And Perhaps More Visible," The Wall Street Journal, 4/20/1995.

16）　Henry Allen, "Streep, From Turnpike to Cause Way," Washington Post, 5/17/1989.

17）　"Food Quality Protection Act of 1996," Congressional Record : House, 7/23/1996, H8127-47.

18）　Ibid., in H8143-4.

19）　たとえばGAO（1992）。

20）　"Science and Mission at Risk : FDA's Self-Assessment," Committee on Energy and Commerce, 1/29/2008, No.110-83.

21）　Eric Pianin, "Food Industry Resists Anti-Terror Proposals ; Lobbyist Says Protections Adequate," The Washington Post, 12/06/2011.

22）　"Public Health Security and Bioterrorism Response Act of 2001," Congressional Record : House, 12/11/2001, H9195-217.

23）　Establishment and Maintenance of Records Under the Public Health Security and Bioterrorism Preparedness and Response Act of 2002, Food and Drug Administration, 12/09/2004, 69 FR 71561-71655.

24）　Executive Order : Establishing an Interagency Working Group on Import Safety, Office of the Press Secretary, July 18, 2007.

25）　Jared A. Favole, "FDA Requires Faster Food-Safety Alerts," 09/09/2009, The Wall Street Journal.

26）　日本貿易振興機構（2011：7-8）。

27）　Helena Bottemiller, "Small Farms Gain from Compromise on S. 510," Food

Safety News, 8/18/2010.

28) "FDA Food Safety Modernization Act", Congressional Record：House, 12/21/2010, H8861-90.

参考文献

秋吉貴雄（2019）「時間のなかの規制制度改革──改革のタイミング・配列と政治的効果」『法学新報』126巻1号，1-41頁。

伊藤哲朗（2014）『国家の危機管理──実例から学ぶ理念と実践』ぎょうせい。

大沢秀介（2020）「アメリカの食品安全現代化法（FSMA）の意義と成立過程」『武蔵野大学政治経済研究所年報』19号，69-102頁。

亀井克之（2018）「クライシスマネジメント」関西大学社会安全学部編『社会安全学入門』ミネルヴァ書房，162-173頁。

京俊介（2011）『著作権法改正の政治学──戦略的相互作用と政策帰結』木鐸社。

京俊介（2016）「イシュー・セイリアンスと刑事政策──『ポピュリズム厳罰化』と『民意なき厳罰化』の政治過程」『公共政策研究』16号，19-32頁。

武田康裕（2020）「安全神話は崩壊したのか」武田康裕編著『論究日本の危機管理体制』芙蓉書房出版，11-25頁。

徳田博人（1995）「アメリカにおける食品残留農薬規制の緩和──いわゆるデラニー・パラドックスを素材として」『琉大法学』54号，27-53頁。

徳田博人（1999）「米国連邦食品安全システム改革とリスク分析」『琉大法学』62号，35-69頁。

西山隆行（2010）「アメリカの政策革新と都市政治」『日本比較政治学会年報』12号，39-62頁。

日本貿易振興機構（ジェトロ）（2011）『米国食品安全強化法の概要及び分析』シカゴ事務所，農林水産・食品部.

松田憲忠（2005）「イシューセイリアンスと政策変化──ゲーム理論的パースペクティブの有用性」日本政治学会編『年報政治学2005−Ⅱ　市民社会における政策過程と政策情報』木鐸社，105-126頁。

村上裕一（2016）『技術基準と官僚制──変容する規制空間の中で』岩波書店。

山田友紀子（2003）「食品の安全性とリスクアナリシス」『農林業問題研究』38巻4号，158-166頁。

Albertson, B. and S. K. Gadarian（2015）*Anxious Politics：Democratic Citizenship in a Threatening World*, Cambridge University Press.

Baumgartner, F. R. and B. D. Jones (2009) *Agendas and Instability in American Politics* (2nd ed.), The University of Chicago.

Biedny, C., T. Malone, and J. L. Lusk (2020) "Exploring Polarization in US Food Policy Opinions," *Economic Perspectives and Policy*, 42(3) : 434-454.

Birkland, Thomas A. (2006) *Lessons of Disaster : Policy Change after Catastrophic Events*, Georgetown University Press.

Boin, A. and P. 't Hart (2003) "Public leadership in times of crisis : Mission impossible?" *Public Administration Review*, 63(5) : 544-553.

Boin, A., A. McConnell, and P. 't Hart (eds.) (2008) *Governing after Crisis : The Politics of Investigation, Accountability and Learning*, Cambridge University Press.

Boin, A., A. McConnell, and P. 't Hart (2009) "Crisis exploitation : political and policy impacts of framing contents," *Journal of European Public Policy*, 16(1) : 81-106.

Carpenter, Daniel (2010) *Reputation and Power : Organizational Image and Pharmaceutical Regulation at the FDA*, Princeton University Press.

Comfort, Louise K. (2007) "Crisis Management in Hindsight : Cognition, Communication, Coordination, and Control," *Public Administration Review*, 67 (1) : 189-197.

Committee on Pesticides in the Diets of Infants and Children (1993) *Pesticides in the Diets of Infants and Children*, National Research Council, National Academies Press.

Committee on Scientific and Regulatory Issues Underlying Pesticide Use Patterns and Agricultural Innovation (1987) *Regulating Pesticides in Food : The Delaney Paradox*, (Board on Agriculture, National Research Council), National Academy Press.

Committee to Ensure Safe Food from Production to Consumption (1998) *Ensuring Safe Food from Production to Consumption*, Institute of Medicine National Research Council, National Academy Press.

Congressional Research Service (2016) *The Federal Food Safety System : A Primer* (CRS Report : RS22600).

DeWaal, C. S., C. Roberts, and D. Plunkett (2013) "The Legal Basis for Food Safety

Regulation in the USA and EU," in J. Glenn Morris, Jr. and M. E. Potter (ed.) *Foodborne Infections and Intoxications* (4th ed.)：511-527, Academic Press.

Downs, Anthony (1972) "Up and Down with Ecology：the 'issue-attention cycle'," *Public Interest*, 28：38-50.

FDA (2007) *Food Protection Plan : An Integrated Strategy for Protecting the Nation's Food Supply*, November 2007.

McGarity, Thomas O. (2001) "Politics by Other Means：Law, Science, and Policy in EPA's Implementation of the Food Quality Protection Act," *Administrative Law Review*, 53：103-220.

McLoughlin, David (1985) "A Framework for Integrated Emergency Management," *Public Administration Review*, 45：165-172.

Merrill, Richard A. (1997) "Food safety regulation：reforming the Delaney Clause," *Annual Review of Public Health*, 18(1)：313-340.

Myers, N. J. and C. Raffensperger (eds.) (2006) *Precautionary tools for Reshaping Environmental Policy*, The MIT Press.

Nestle, Marion (2010) *Safe Food : The Politics of Food Safety*, University of California Press.

Newman, Joshua and M. Howlett (2014) "Regulation and time：temporal patterns in. regulatory development," *International Review of Administrative Sciences*, 80 (3)：493-511.

Pierson, Paul (1993) "When Effect Becomes Cause：Policy Feedback and Political Change," *World Politics*, 45(4)：595-628.

Potter, Rachel Augustine (2019) *Bending the Rules : Procedural Politicking in the Bureaucracy*, University of Chicago Press.

Roller, S. T., R. R. Pippins and J. W. Ngai (2009) "FDA's Expanding Postmarket Authority to Monitor and Publicize Food and Consumer Health Product Risks： The Need for Procedural Safeguards to Reduce "Transparency" Policy Harms in the Post-9/11 Regulatory Environment," *Food and Drug Law Journal*, 64 (3)：577-598.

Strauss, Debra M. (2011) "An Analysis of the FDA Food Safety Modernization Act : Protection for Consumers and Boon for Business," *Food and Drug Law Journal*, 66(3)：353-376.

Streeck, Wolfgang and K. Thelen (2005) *Beyond Continuity : Institutional Change in Advanced Political Economies*, Oxford University Press.

Thomas, Courtney I. P. (2014) *In Food We Trust : The Politics of Purity in American Food Regulation*, Lincoln and London : University of Nebraska Press.

United States General Accounting Office (GAO) (1992) *Food Safety and Quality : Uniform, Risk-based Inspection System Needed to Ensure Safe Food Supply*.

Vogel, David (2012) *The Politics of Precaution : Regulating Health, Safety, and Environmental Risk in Europe and the United States*, Princeton University Press.

Yackee, Susan Webb (2019) "The Politics of Rulemaking in the United States," *Annual Review of Political Science*, 22 : 37-55.

（はやかわ・ゆき：関西学院大学）

危機対応装置としての福祉国家
——経済危機は「日本型生活保障レジーム」に変化をもたらしたのか——

裵　俊燮［明治学院大学］

1　危機対応装置としての福祉国家と日本の特徴

（1）　危機対応における福祉国家の再評価と財政支出の矛盾

　福祉国家は，市場の失敗によってもたらされた危機への対応装置として発展してきた歴史を有しており，政治的危機や社会の不安定を抑制するための統治手段としての役割を果たしてきた（Garland 2016；田多 2009：17-19）。福祉国家と資本主義体制の間の矛盾的共生関係の観点から考えると，資本主義体制は体制の存続手段として福祉国家を必要とし，福祉国家は社会政策の需要と財源のバランスを維持するために経済成長を必要とする（Béland et al. 2021：258）。その中で発生する経済危機は，資本主義体制の再生産システムにおける問題を意味しており，福祉国家はその問題を解決するための自動安定化装置としての役割を果たすことになる（Starke et al. 2013）。一方，自動安定化装置としての福祉国家の様子は国によって異なっており，「小さい福祉国家」の場合は，自動安定化装置として，福祉国家ではない他の機能的代替物がその役割を果たす可能性が高いと考えられる。

　人類に未曾有の被害をもたらした新型コロナウイルスは，政治・社会・経済システム全般に大きい影響を与えた。一方，コロナ禍がもたらした危機的状況に対しては，最後の拠り所として国家の役割が期待された。コロナ禍は，一見すると，新自由主義によって危機にさらされていた福祉国家

の復活をもたらしたようにも見える。実際に，これまでの福祉国家研究に
おいて脆弱な福祉国家として位置づけられてきたアメリカは，大規模な財
政支出による危機対応を行い，マスメディアも「福祉国家の復活」に注目
した。同様の言説は，2008年のリーマンショックの際にも登場しており，
10年以上が経った現時点における議論とさほど違わなかった。新自由主義
とケインズ主義間の，危機をきっかけとする振り子のような動きは，危機
対応装置としての福祉国家と，財政負担の元凶としての福祉国家という，
福祉国家の2つの顔として理解することもできるだろう（Chohan 2022）。

　このような特徴は，日本でも観察することができる。国際比較の観点か
ら明らかになった日本政府のコロナ対策における最も大きい特徴の一つは，
積極的な財政支出を行ったことである。福祉国家の典型とされるスウェー
デンでは，コロナ禍に対応するための追加支援としてGDPの4.2%，流動
性支援としてGDPの5.3%が支出されたのに対して，日本の場合は，追加
支援としてGDPの16.5%，流動性支援としてGDPの28.3%に当たる世界最
高水準の財政支出を行った（IMF 2021）。しかし，その一方で2020年9月
16日に行われた菅義偉前首相の就任記者会見においては「自助，共助，公
助，そして絆」が強調される形で，いわば自民党型の伝統的福祉国家像が
前面に出ており，福祉国家としての役割はほとんど期待できない状況であ
るようにも見えた。

　理論上は，コロナ禍に対する財政支出の規模を規定する要因として，社
会経済的要因と政治的要因の2つの可能性が考えられる。社会経済的要因
としては，コロナによってもたらされた被害規模の程度と財政健全性の要
因を取り上げることができる。つまり，コロナによる経済被害の規模が大
きければ大きいほど，財政支出の規模が大きくなると予想される一方で，
国家の財政健全性が高ければ高いほど，積極的な財政政策を行う可能性が
高いと考えられるのである。次に，政治的要因として考えられるのは，危
機発生時の執権政党の党派性である。もし，大きい政府を志向する左派政
党が危機対応を行う場合には，積極的な財政支出を通じて対応する可能性

が高く，小さい政府を志向する右派政党が危機対応に当たる場合には，積極的な財政支出を伴う政策オプションは排除される可能性が高いと考えられる。

　日本の事例を上記の枠組みで捉え直すと，欧米諸国に比べ，コロナによる被害規模が比較的に小さいことに加え，莫大な財政赤字の問題を抱えており，小さい政府を志向する保守政党である自民党が執権する日本が，積極的な財政支出を行う可能性は低いと考えられる。しかし，予想に反して日本政府は，大規模な財政支出を行うことで初期のコロナ禍に対応しており，その中で，特に既存の雇用や事業を維持することに高い優先順位をつけた。

（2）　日本型生活保障レジームの特徴

　福祉国家の概念を相対化する際に有用な概念が，福祉レジームである。新川によれば，レジームとは，集合現象として個別現象に分解・還元されないものであり，固有の論理とダイナミズムを持つ。その意味において，福祉レジームは，福祉国家を歴史的に相対化し，その変容を分析する際に国家福祉以外の福祉機能との関係を考慮するのに有用な概念である（新川2011：5-6)。

　福祉レジームの概念は，福祉国家の役割を相対化することに有用な概念であるが，本稿ではより包括的概念として，雇用と社会保障・福祉の制度体系を指す概念である生活保障レジームを用いることにしたい（宮本2008)。その理由は，福祉国家を論じる際には，福祉政策を見るだけでは不十分であり，生産システムを含む経済のあり方や他の政策についても射程を広げる必要があるためである（北山・城下 2013：339)。特に，日本の事例を分析する際には，雇用レジームを通じた福祉レジームの代替（welfare through work）が重要な意味を持っており（Miura 2012；宮本2008)，日本では伝統的な社会福祉のカテゴリーに入らない政策手段が積極的に選択されてきたことに注意する必要がある。

　一方，雇用レジームを通じた福祉レジームの代替において，日本政府の完全雇用に対するコミットメントの高さは，社会民主主義レジームとの類似性として注目されたが，両方の完全雇用を維持する方法には大きな違いが存在した。スウェーデンの場合には，流動的労働市場をサポートするために社会政策が存在し，それをもって完全雇用を達成する側面が強い。一方で，日本の場合は，大企業の正規労働者を中心とする固定的労働市場と周辺部の流動的労働市場という二重構造を前提とする完全雇用の確保を通じて，社会政策を抑制することが特徴である。日本政府は，できるだけ失業率を下げることを通じて社会福祉支出を抑制する戦略を採ったのである。カザは，雇用政策こそが日本の福祉国家の特殊性を説明する重要な要素であると指摘したが（カザ 2014：138-142），ここで重要なことは，雇用レジームは，所得再分配機能を伴わないという点において，福祉レジームとは本質的に異なるということである。

　上記で確認したように，福祉国家を危機対応装置として捉えると，危機発生時の「小さい福祉国家」の危機対応方法には，大きく 2 つの可能性があると考えられる。まず，従来のような機能的代替物を通じた政策対応がある。その一方で，危機をきっかけに，これまでは抑制されてきた福祉国家の役割が強くなる可能性も存在する。それでは，これまで日本が経験した大規模な経済危機は，日本型生活保障レジームの形成にどのような影響を与えてきたのだろうか。この問いを言い換えると，「日本政府は大規模な経済危機にどのように対応してきたのか」となる。

　以下では，所得再分配機能のない雇用レジームを通じた福祉レジームの代替という日本型生活保障レジームの特徴の持続と変化を，大規模経済危機の文脈に位置づけながら分析を行う。まず，制度の持続と変化に関わる議論を検討した上で（第 2 節），日本経済に予期せぬ大きい衝撃（ショック）を与えた石油危機・リーマンショック・コロナ禍における日本政府の政策対応の特徴を確認した後（第 3 節），危機が日本型生活保障レジームに変化をもたらしたのかを検討する（第 4 節）。最後に，本稿の意義につ

いて触れる（第5節）。

2　制度の持続と変化をめぐる議論

　一般的には，いったん制度が成立すると，制度の受益者が拒否権プレイヤーとなり，制度変化のために発生するコストが大きいこと等の理由により，制度変化は起こりにくいとされる（Pierson 2011）。制度の経路依存性の特徴に注目する歴史的制度論において，制度変化を説明する主な要因としてまず注目されたものは，外部衝撃の要因であった（西岡 2014）[2]。外生的ショックの後に制度変化が生じることを説明する分析概念としては，決定的分岐点（Critical juncture）や断絶的平衡（Punctuated equilibrium）等の概念が提示されている（Collier and Collier 2002；Hogan et al. 2022）。Collier and Collier（2002）によると，決定的分岐点における制度変化は，①外部衝撃の発生以前の「先行状況」（antecedent conditions），②外部衝撃による制度変化の発生（cleavage），③外部衝撃によって生じた変化の持続（legacy）のメカニズムを辿ることになる。

　コロナ禍における政策変化を分析した先行研究においては，コロナによる被害をより大きく受けた政策領域において大きい制度変化が起こる可能性が示唆された（Hogan et al. 2022；Knill and Steinebach 2022）。また，制度を権力関係の産物として捉える歴史的制度論において，制度変化後の持続を可能にする条件は，既存の権力関係の一掃と新しい改革空間を形成することであるとされる（Boin and 't Hart 2022）。他にも，制度変化を説明する変数としてアイデアの要因が指摘されており，そこでは，危機発生に伴うパラダイムシフトが想定される（Hall 1993；Hill 2011）。

　しかしその一方で，危機に直面した際には，不確実性が高い中で，時間や情報の制約に縛られながら迅速な対応を求められる。その中で，政府は既存の制度に依存するため（Cook and Ulriksen 2021；Soon et al. 2021），危機が訪れても既存の制度は大きく変化しないともされ，むしろ既存制度

の特徴が強化される可能性が高いとする議論も存在する（Chung and Thewissen 2011）。このように、理論的には、危機が制度変化をもたらす可能性も、既存の制度強化をもたらす可能性も、同時に存在する。

　一方、制度的構造としてのレジームレベルにおける持続と変化においては、制度補完性と制度階層性の概念を考慮する必要がある。アマーブルによると、制度的構造は、諸制度間の補完的な関係のセットとして考えるべきであり、制度補完性の影響を受けるため、その変化は容易ではないとされる。その一方で、制度を政治との関係から捉える制度階層性の概念からは、階層性の頂点にある制度は変化する可能性が低く、支配的ブロックがほとんど利害関係を持たない制度領域では制度変化が起こりやすいとされる（アマーブル 2005：17-28）。

　以上のような、制度及び制度的構造（レジーム）の持続と変化に関する議論を踏まえて、本稿ではリサーチクエスチョンとして「日本がこれまで経験した大規模な経済危機は、日本型生活保障レジームの特徴に変化をもたらしたのか」を設定し、Collier and Collier（2002）とStarke et al.（2013）の先行研究を参考にリサーチクエスチョンに答える。まず、Collier and Collier（2002）の理論モデルを参考に、①大規模経済危機発生以前の状況、②外部ショックへの政策対応、③変化した制度の持続という枠組みから、日本型生活保障レジームの特徴とその変化を判断する。また、大規模経済危機に対する自動安定化装置として福祉国家の制度変化の国家間比較を行ったStarke et al.（2013）の分析枠組みを参考に、外部衝撃の発生以前の政策議論の方向性と、外部衝撃発生に伴って導入された政策内容の方向性を比較することで、外部衝撃としての危機そのものが制度変化をもたらしたのかを確認する。仮に、危機が発生した後に制度変化が起きたとしても、それが危機発生以前の政策議論の方向性と一致するのであれば、それは危機によってもたらされた変化ではないと判断するのである。

　日本の福祉国家の持続と変容を取り扱った先行研究においては、これま

で多様な見解が示されてきた。Estévez-Abe（2010）は，選挙制度改革以前の日本の特徴を，特定の集団に選別的に提供されるサービスや機能的代替物への依存と捉え，選挙制度改革後には，普遍的ではあるものの制限された福祉国家に変わっていくことを予想した。その一方で，制度の経路依存性を強調した北山（2011）や，日本の労働勢力が持つ権力資源の弱さに注目した新川（2005）の議論からは，制度の連続性が強調された。ただし，以上の先行研究は，狭義の福祉レジームに主に焦点を当てており，雇用レジームを含む生活保障レジームのレベルにおける分析は，必ずしも分析の焦点にはなっていない。

　以下の本論では，日本がこれまで経験した大規模な経済危機として，1970年代の石油危機・2008年のリーマンショック・2020年以降のコロナ禍を事例に，雇用レジームを通じた福祉レジームの代替という日本型生活保障レジームの特徴に変化が生じたのか，それとも既存の日本型生活保障レジームの特徴がより強化されたのかを確認する。もし，大規模な経済危機に対して，完全雇用の確保を通じての社会政策の抑制（＝雇用レジームを通じた福祉レジームの代替）という日本の特徴が繰り返し確認できるのであれば，それは日本型生活保障レジームの持続を意味することになる。一方で，ヨーロッパの福祉国家のように雇用レジームと福祉レジームとの補完関係が現れるのであれば，それは日本型生活保障レジームの変化を意味する。

3　日本政府の大規模経済危機対応

（1）　石油危機

①石油危機以前の状況

　日本経済は，1954年12月から経済成長をはじめ，石油危機が勃発した1973年10月まで高度成長を続けた。一方，高度経済成長の中で発生した様々な社会問題が深刻化するにつれ，その解決を求める勢力の影響力が増

大した。高度経済成長に伴う慢性的労働力不足の状況は，労働者を中心とする左派勢力の権力行使に相対的に有利な状況をもたらした。それによってもたらされた政治的危機に対して，自民党は年金や医療制度を中心とする社会保険制度の給付水準の大幅な引き上げを通じて対応し，1973年を「福祉元年」と位置づけた（キャンベル 1995）。

　雇用に関しては，産業構造の転換を通じた労働市場の近代化の達成が課題とされていたが，政府は失業後の対応を中心とする消極的労働市場政策に重点を置いていた既存の失業保険制度では対応が困難であると判断した。そのため，失業を事前に予防し，失業保険制度に再就職を促進する機能を持たせるために，失業保険制度の改正をめぐる議論が行われていた（菅沼 1991：322-324）。

　以上のような動きは，欧米先進諸国の福祉国家モデルへのキャッチアップに向けた動きとして理解することができるだろう。

②決定的分岐点としての石油危機

　1973年10月に起きた石油危機は，高度経済成長の終焉と「狂乱物価」をもたらした。石油危機後の日本経済は1974年に初めて実質経済成長率がマイナスを記録し，雇用情勢が悪化した結果，戦後最大の不況に陥った（菅沼 1991：325-329）。田中政権は，1974年度予算において，緊縮政策を通じた対応を行った。その結果，物価の高騰は早期にコントロールすることができたものの，依然として不況は続き，雇用情勢は厳しいものであった。財界は，公共投資による景気刺激を政府に強く要請し，それに対して田中政権は，1974年度補正予算から財政規模を拡大し公共事業を通じた雇用創出を用いて危機対応を行うなど，政策転換を図った（井戸 1998：152-153）。

　一方，物価上昇に伴う税負担軽減のために実施した2兆円規模の所得税減税の影響を受け，所得税収入が大きく減少したとともに，不況による法人税収入の減少が発生したが，その中で，危機に対応するための社会保障

給付費は爆発的に増加した。1973年12月には，生活保護受給者などの低所得者に対して特別一時金が支給され，生活保護基準が1974年には20％，1975年には23.5％引き上げられるなど高率の改定が行われた。その結果，税収と財政支出の間には大きなギャップが生じた（吉原・和田 2020：258-259）。

　雇用政策に関しては，石油危機の発生が，完全雇用を前提としながら労働力の流動化を促進することを目指していた既存の失業保険制度の改正をめぐる議論の前提を崩した[3]。不況に伴う雇用危機に対しては，1974年に既存の失業保険制度に失業予防や能力開発等を行う雇用保険三事業が追加される形で「雇用保険法」が制定された。これは，既存の失業保険制度が失業時の所得保障の側面に重点を置いていたことに対して，雇用の確保の方により重点を置くことへの変化を意味するものであった（田多 1991：274）。

　雇用保険制度の導入をめぐっては，最初は労使ともに反対の態度をとっていたが，石油危機をきっかけに両者は立場を変えた。その中で最も重要な役割を果たしたのが，労働大臣が指定する業種において，景気の変動など経済的理由により事業活動の縮小を余儀なくされ，従業員に休業手当を支払った事業主に対して休業手当総額の2分の1（中小企業の場合は3分の2）を支給することを制度内容とする「雇用調整給付金」の存在であった。労働組合は，失業の危機に直面して，雇用の維持を優先し，賃上げ要求を抑制した（小熊 2019b：483；久米 1998）。興味深い点は，当初の雇用調整給付金制度の導入目的であった，産業構造の近代化達成のための垂直的移動の活性化を通じた雇用の柔軟性確保ではなく，雇用の維持に重点を置いた雇用保障対策が講じられるようになったことである。

　一方，雇用保険制度と雇用調整給付金制度の導入は，結果的に日本の労働組合のパワーを弱めることになった。両制度は，常用労働者の雇用の安定を保障する役割を果たしたとともに，季節労働者及び女性労働者の失業保険の給付を制限する役割も同時に果たしており，その結果，もともと弱

い立場に置かれていた労働者のパワーはさらに弱まった（井戸 1998：44，152）。そして，労働市場に対する日本政府の介入はほとんど観察されなかった。

③危機の克服：制度の持続

　日本政府は，欧米諸国に比べて比較的早い段階で危機を乗り越えることに成功した。欧米諸国が深刻なスタグフレーションに陥った中，日本経済は物価と失業の両問題をコントロールすることができ，早期の経済回復達成に成功した。その結果，1980年代にはアメリカに匹敵するほどの経済大国に成長した。その中で，労使協調による賃金決定システムは，物価の安定に大きく貢献した。一方，「雇用調整給付金」や公共事業・産業保護を通じた雇用の維持は，失業問題のコントロールに大きく寄与した（宮本 2008：82-83）。

　以上で確認したように，日本の石油危機の克服は，主に雇用レジームを通じて達成されたものであり，必ずしも自動安定化装置としての福祉国家の役割によるものではなかった。また，政策手段として減税政策を採用したことによって，その後の政策手段の選択の幅を大きく制約する結果をもたらすことになった。

　危機によって既存の政策路線に変化が発生したのかという点に関しては，福祉レジームにおいては，危機に対応するための社会保障給付費が爆発的に増加した点は，既存の福祉拡大路線の延長線として捉えることができるだろう。一方，雇用レジームにおいては，危機が大きい変化をもたらしており，この時期に形成された日本型生活保障レジームの特徴は，経済成長を背景に持続したと考えられる。

（2）　リーマンショック
①リーマンショック以前の状況
2000年代に入ってから日本の社会保障の定義は大きく変わり，2001年3

月にまとめられた「社会保障改革大綱」の中で，社会保障は「国民が一人一人の能力を十分に発揮し，自立して尊厳を持って生きることができるよう支援するセーフティネットである」とされ（政府・与党社会保障改革協議会 2001：1），個人の最低生活を保障するのではなく，個人の自立した生活を支える存在として位置づけられた。1990年代後半から増加していた生活保護の保護率に対して，小泉政権は，働くことによる自立の重要性を強調することで，生活保護そのものを抑制する方向での対応を行うなど，積極的に社会保障関係費を抑制した。このような流れは，2007年に策定された「『福祉から雇用へ』推進5カ年計画」にも反映されており，働くことによる自立の動きが強化された（朱 2018）。

　雇用政策に関しては，2000年代以降，失業給付受給要件の厳格化，給付内容の引き下げが実施され，セーフティネット機能が弱まった（金井 2015）。2003年には給付額の上限が下げられるとともに給付日数の平均値が約25%引き下げられる改正が行われ，2005年には受給資格を得るための加入期間が大幅に延長された。さらに2007年改正では雇用保険の国庫負担が，それまで失業等給付（基本手当）に対して25%負担になっていたものが，暫定的に13.75%に引き下げられることになった（仁平 2019：349；伊藤 2022：117-118）。

　このような福祉縮小路線が続く中で，ワーキングプアの問題が大きな社会問題となるなど，小泉政権の構造改革や経済成長路線の下に隠れていた格差や貧困問題が社会問題として認識されるようになった。その影響を受け，2007年以降は，社会保障抑制路線からの転換の動きが現れた。福田政権期に設置された「社会保障国民会議」は，構造改革の問題点を指摘しつつ，社会保障の拡充を目指した。このような動きは麻生内閣でも続き，「安心社会実現会議」でも同じ政策路線が展開され，小泉政権期から続いた社会保障費抑制の方針は放棄された（仁平 2019：379）。リーマンショック発生直前の2008年6月19日に発表された「社会保障国民会議」の中間報告では，社会保障の機能強化に重点を置いた改革の必要性とともに，

将来世代への給付拡充の必要性が提起された。

　以上のような動きは，雇用レジームによる福祉レジームの代替を積極的に推進したことで浮き彫りになった副作用をきっかけに，既存の日本型生活保障レジームの制度変化を求める動きとして理解することができる。

②危機対応

　アメリカの金融危機から始まったリーマンショックは，日本経済にも大きい打撃を与えた。2009年 1 – 3 月期の実質GDP成長率は，マイナス4.8％を記録するなど，戦後最悪のマイナス成長となった。特に，アメリカへの輸出に大きく依存する日本の輸出産業は，アメリカの不況の影響を強く受けた（仁平 2019：380）。

　経済危機に直面した企業側の危機対応は，主に雇用調整を通じて行われたが，その様子は雇用形態によって異なった。正規労働者に対しては，残業規制・一時休業（一時帰休）等が行われ，雇用の削減を伴う調整が抑制された結果，希望退職者の募集や解雇等において大きい変化はなかった。一方，臨時・パート等の非正規労働者に対しては，再契約停止や解雇が増加し，雇用の削減を伴う調整が集中的に現れた（厚生労働省 2009：81）。2008年以降，約22万9000人の非正規労働者が雇い止めや解雇になった結果，完全失業率が急上昇し，2009年 7 月には5.5％に達した。また，1995年に最低を記録した生活保護世帯数は，2011年に200万人を超えた（小熊2019a：87）。「年越し派遣村」は，それまで雇用レジームを通じた福祉レジームの代替を行ってきた日本型生活保障レジームが機能不全に陥っていることを明らかにした。

　リーマンショックの発生直後，日本政府は主に雇用維持や雇用創出を通じた対応を行った。雇用維持に関しては，雇用調整助成金制度[4]に2009年度から2011年度までに緊急雇用対策の全予算約 4 兆4000億円に対して，約 2 兆5000億円の予算が策定され，雇用創出に関しては，国の交付金による基金を都道府県に造成する雇用創出基金事業に対して計 1 兆500億円の予算

表1　雇用調整助成金の特例措置の主な変更点

	特例措置以前	特例措置
生産指標要件	6カ月10％以上減少	3カ月又は前年同期比5％以上減少
雇用量要件	最近6カ月の雇用量が 前年同期比不増	撤　廃
助成率	2／3（中小企業）， 1／2（大企業）	4／5（中小企業），2／3（大企業） 解雇等を行わない場合： 9／10（中小企業），3／4（大企業）
教育訓練費	1,200円	中小企業：6,000円 大企業：4,000円
支給限度日数	1年100日，3年150日	3年300日
休業規模要件	1／20（中小企業）， 1／15（大企業）	撤　廃
被保険者期間要件	6カ月以上	撤　廃

出典：厚生労働省の雇用調整助成金参考資料をもとに筆者作成。

が策定された。⁵⁾

　助成対象や助成額・助成期間を拡大する内容の特例措置を設けることで対応した雇用調整助成金制度は，表1にまとめられているように，①被保険者期間6カ月未満の者は助成の対象外であったのに対して，被保険者期間6カ月未満の者も助成対象とした。②助成率に関しては，既存の大企業1／2・中小企業2／3から，大企業2／3・中小企業4／5（解雇等を行わない場合は，大企業3／4・中小企業9／10）に変わった。③支給限度日数に関しては，既存の1年100日・3年150日から，3年300日に変わった。

　それとともに，中小企業に対しては，事業活動の縮小を余儀なくされた中小企業事業主が，その雇用する労働者を一時的に休業・教育訓練または出向させた場合に，それに係る手当もしくは賃金の一部を助成する「中小企業緊急雇用安定助成金」が2008年12月に創設され，2009年2月6日から制度適用基準が緩和された。まず，①「生産量が直近3カ月又は前年同期比5％以上減少していること」としていた生産量要件が，売上高も指標として用いることによって支給要件が緩和された。また，②休業および教育訓練の規模要件を廃止するとともに，③支給限度日数を，既存の3年間で200日（最初の1年間で100日を限度）から，3年間で300日（最初の1年

間で200日を限度）に変更し，連続した利用も可能にした（厚生労働省
2009：88）。

　求職者のための支援としては，2009年度から失業者のための雇用保険の
適用範囲が拡大され，半年以上の雇用見込みがある労働者の加入が可能に
なり，受給資格を得るための加入期間が1年以上から6カ月以上となった。
さらに，倒産・解雇による失職の場合，条件付きで給付日数が60日延長さ
れることになった（仁平 2019：383，426）。また，雇用保険を受給できな
い者に対して，2011年度までの3年間，無料の職業訓練や訓練期間中の
生活支援の給付を行う「緊急人材育成・就職支援基金」が創設され，3906
億円の予算が策定された（仁平 2019：383）。

　以上のようなリーマンショックへの政策対応は，予算規模の違いからも
確認できるように，主に石油危機時にも利用された失業抑制を目標とする
雇用政策を通じた対応として理解することができる。また，既存の雇用保
険制度ではカバーされなかった求職者への支援が拡大されたものの予算の
規模は小さく，大規模な予算が使われた休業者に対する支援に関しては，
雇用保険制度によって守られる内部労働市場と外部労働市場が区別された
ことには変わりがなかった。

③危機対応後の制度の持続と変化

　リーマンショック直後に様々な応急措置的な政策対応が行われたが，一
部の制度はその後も制度化され，生き残ることとなった。「緊急人材育
成・就職支援基金」に関しては，民主党への政権交代後の2011年10月に，
「求職者支援制度」が法律に基づく制度として恒久化され，雇用保険と生
活保護の間の隙間を埋める第二のセーフティネットに位置づけられた。た
だし，一般会計のみによる財源確保が困難となり，雇用保険料も財源に含
めるなど，制度の基盤は不安定なものであった。また，既存の雇用保険制
度外部の人々を制度内に包摂するのではなく，別制度を設けることによっ
て対応したという点において，雇用保険の内と外の区分は依然残っていた。

　一方，ある程度危機が落ち着くと，雇用対策にとって最も重要な役割を果たした雇用調整助成金制度は，縮小改正の方向に向かった。同じ民主党政権下であったが，2011年7月から，被保険者期間6カ月未満の者は助成対象外とされるなど，制度適用基準の厳格化が行われ，教育訓練費の助成額も，2011年4月から事業所内訓練の場合，半額となった（厚生労働省2021b：166）。経済危機による被害を最も直接的に受ける周辺部労働者は，再び雇用保険の制度の外に置かれることになったのである。

（3）　コロナ禍

①コロナ禍以前の状況

　コロナ禍以前，日本は，大胆な金融政策や機動的な財政政策，民間投資を喚起する成長戦略というアベノミクスの「3本の矢」に基づく経済成長を試みていた。株価が大幅に上昇し，失業率も改善されるなど，少なくとも政府の認識においては，アベノミクスが一定の成果をあげていると評価されていた（内閣府 2019）。

　一方，コロナ禍以前の社会保障分野の動きを見てみると，生活保護制度に関しては保護基準の引き下げが連続的に行われた。特に2013年には，1950年の「生活保護法」制定以来の大規模な法改正が行われ，生活扶助費を3年間にわたって段階的に引き下げることによって，総額670億円を減額する改正が行われた（伊藤 2022：145-146）。雇用保険に関しては，原則上15.5/1000であった雇用保険料が2017年度から2021年度までの暫定措置として13.5/1000に引き下げられ，国庫負担も2007年度から暫定的に13.75%に引き下げられていたものが2017年から2021年まで時限的に2.5%に引き下げられるなど，政府の役割は縮小した（伊藤 2022：125）。また，それと同時に，雇用保険等における財政負担を減らすために，フリーランスなど既存の社会保険制度の適用を受けない新しい働き方を，政府は積極的に推進した側面がある（伊藤 2022：128-129）。

　以上のような動きは，生活保障レジーム全般に対する国家のコミットメ

ントの縮小として理解することができる。

②コロナ禍の政策対応

コロナ禍は，それまで過去最悪の経済危機をもたらしたとされるリーマンショック以上の被害を日本経済にもたらした。実質GDP成長率は，2020年の4-6月期にマイナス8.1％を記録し，リーマンショック直後のマイナス4.8％を大きく下回った。コロナ禍初期には，企業の業績悪化によって，非正規労働者の雇い止めや解雇などが一時的に増大した。失業状態が1年以上続く長期失業者は，2010年の121万人をピークに減少傾向が続き，2019年には51万人にまで減少したが，2021年に月平均で66万人にまで増えた。コロナ禍による経営破たんも増え，2021年の年間件数は1718件に達し，2020年の843件に比べて2倍に増加した（厚生労働省 2021a）。

特に，コロナ禍においては，長い間日本の労働市場における正規労働者の雇用安定を可能にするプールとしての役割を果たしていたサービス産業が，最も大きいダメージを受けた（堤 2021）。また，労働形態の多様化に伴って増えてきたフリーランスは，個人事業主（自営業者）と位置づけられるため労働者とみなされず，週20時間未満の短時間労働者も雇用保険の適用対象ではないため休業手当の支給がなく，危機による被害を直接的に受けざるを得なかった。

コロナ禍における日本政府の政策対応は，危機の規模の大きさの影響もあり，リーマンショック時に比べて財政支出の規模は約3倍の規模に及んだが，いくつかの点において他の先進諸国とは大きく異なっていた。欧米諸国ではコロナ禍初期に政府の積極的な介入による全面的なロックダウンが行われたが，日本ではいわゆる「ソフトロックダウン」が行われ，自粛要請・休業要請などを行うことによって行動変容をもたらす選択をした（竹中 2020）。また，日本政府は特に既存の雇用・事業を維持・継続することに高い優先順位をつけた。4月7日に閣議決定された「新型コロナウイルス感染症緊急経済対策」においては，雇用の維持と事業の継続が五つ

の柱の一つとして位置づけられ，2020年度の第1・2次補正予算を合わせた35.9兆円の予算が「雇用の維持と事業の継続」のために計上された。これは，合わせて11.5兆円である補正予算の予備費を除いた46兆円予算のうち約8割を占めることを意味した（アジア・パシフィック・イニシアティブ 2020：56）。

　雇用対策としては，まず，休業者支援のために，リーマンショック時と同様に雇用調整助成金の支給要件に関する特例措置が設けられたが，助成額の1人1日当たりの上限や助成率の引き上げ幅は，リーマンショック時を大きく上回り，様々な特例措置が設けられた（表2参照）。雇用調整助成金は，従来，雇用期間6カ月以上の雇用保険の被保険者が休業となった場合，事業主から支払われた休業手当等が助成の対象となる仕組みであったが，特例措置においては，雇用保険制度の対象外とされていた雇用期間6カ月未満の労働者や非正規労働者も，雇用調整助成金の対象とした。また，助成率の拡充とともに上限額の引上げも行われた。

　加えて，週の労働時間が20時間未満の学生アルバイトなど雇用保険の被保険者ではない労働者を雇用する事業主に対しても，新たに国費を財源とした「緊急雇用安定助成金制度」を設けることにより対応が行われるとともに，事業所を設置してから1年以上経過を求めていた対象事業主の要件が撤廃された。助成額の1人1日当たりの上限額は約2倍近くに引き上げられ，解雇等を伴わない中小企業の場合は最大100%の助成率が設定された。

　また，申請手続きの煩雑さや企業の手持ち資金の少なさから，事業主が同助成金を利用せず，休業手当が支払われないケースが相次いだため，事業主によって休業させられたが休業期間中に休業手当を受け取ることができなかった雇用保険の被保険者を対象に，休業前賃金の80%（日額上限1万1000円）を直接給付する「新型コロナウイルス感染症対応休業支援金・給付金」が新しく創設された[6]（鈴木 2020：65；堤 2021：6）。また，在籍型出向により労働者の雇用を維持する場合に，出向元と出向先の双方の事

表 2　雇用調整助成金の特例措置の変化

時　　期	リーマンショック時	通常時	新型コロナ感染拡大時
生産指標要件	３カ月または前年同期比５％以上減少	３カ月10％以上低下	１カ月５％以上低下
被保険者の対象	雇用保険の被保険者	雇用保険の被保険者	雇用保険の被保険者以外の労働者も対象
事業主の対象	事業所設置後１年以上経過の事業主	事業所設置後１年以上経過の事業主	１年未満でも対象
助成率	4／5（中小企業） 2／3（大企業） 解雇を伴わない場合： 9／10（中小企業）， 3／4（大企業）	2／3（中小企業） 1／2（大企業）	4／5（中小企業） 2／3（大企業） 解雇を伴わない場合： 10／10（中小企業）， 3／4（大企業）
助成額の上限（１人１日当たり）	8,370円	8,370円	15,000円
支給限度の日数	３年300日	１年100日 ３年150日	緊急対応期間中の休業等の日数を通常時の日数に加えることが可能
被保険者期間要件	撤廃	６カ月以上	撤廃

出典：厚生労働省（2021a）より筆者作成。

業主に対して助成する「産業雇用安定助成金」の創設による雇用維持の支援も同時に行われた（厚生労働省 2021b）。

　さらに，中小企業や個人事業主向けの対応も行われた。資本金10億円以上の大企業を除く中堅・中小企業やフリーランスを含む個人事業主の事業継続を支援するために，新たに「持続化給付金」制度が2020年４月に創設された。給付金額は，中堅・中小企業に対しては最大200万円，個人事業主やフリーランスに対しては最大100万円となっており，給付金は課税対象となった。同制度の給付要件は，①2019年以前から事業により事業収入（売り上げ）を得ており，今後も事業を継続する意思があること，②１月以降，感染症拡大の影響等により前年同月比で事業収入が50％以上減少した月があること等であった。

　一方，失業者については，求職活動の長期化に対応するために，失業手当の給付日数が60日延長され，「求職者支援制度」に関しては，雇用保険

を受給できない労働者に対して，特例措置として，給付金の出席要件や収入要件の緩和等の特例措置が講じられた。

　以上のようなコロナ禍への政策対応は，リーマンショック時にも利用された，失業抑制を目標とする雇用政策を通じた対応として理解できる。また，既存の雇用保険制度ではカバーされない労働者に向けた危機対応政策が積極的に行われたことは，変化として理解することができる。ただし，その変化は一時的なものであり，雇用保険制度の中に全ての労働者を包摂するような動きではなく，制度は現状復帰しつつある。

③応急措置がもたらす既存制度への影響

　上記で確認したように，日本政府のコロナ禍への対応は，リーマンショックへの危機対応と同様に，応急措置として既存制度を柔軟に活用するとともに，新しい制度を導入することによって行われた。いずれの特例措置も，リーマンショック時に比べ，助成額の上限額や助成率を大幅に引き上げた形での緊急対応であったが，特にリーマンショック時と比べて大きく変わった点は，既存の雇用保険制度ではカバーされない不安定労働者への特例措置が重点的に行われたことである。ただし，このような対応は，既存の雇用保険制度の枠組みの中に不安定労働者を包摂する形ではなく，特例措置を通じた臨時的措置や別制度で対応している点において，雇用レジームの構造的変化が起きたとは言い難い[7]。

　ここで特に注目したいのは，上記で触れたように，コロナ禍以前に，政府は雇用保険の財政負担を減らすために，フリーランスなど新しい働き方を積極的に推進した側面があったという点である。その結果，コロナ禍で最も直接的な被害を受けた不安定労働者に対する応急措置的な政策対応の規模は大きくならざるを得なかった。雇用保険制度の持続可能性を高めるために新しい働き方を積極的に進めていたことが，皮肉にも既存の雇用保険制度の持続可能性をさらに危うくしたのである。

　一方，このような応急措置は，既存の社会保障制度に様々な形で影響を

与えている。雇用調整助成金制度の場合，迅速な特例措置を通じた対応の結果，失業率を低く抑えることには成功したものの，事業主が払う雇用保険料と積立金だけではそれを賄えず，税金による国庫負担や失業者向け事業からの借り受けが行われるなど，他の制度へのしわ寄せが起きている。その結果，2022年1月から制度は段階的に縮小され，日額上限の原則1万3500円が，2022年1月と2月には上限1万1000円に，3月には9000円に引き下げられた（伊藤 2022：124-125）。また，持続化給付金制度に関しては，2021年にその規模が縮小されるかたちで「一時支援金」や「月次支援金」制度に引き継がれた後，2022年には「事業復活支援金」制度に引き継がれることとなった。リーマンショック時と同様に，ある程度危機が落ち着くにつれ，制度の原状復帰が図られている。

4　危機は「日本型生活保障レジーム」に変化をもたらしたのか

　以上，大規模経済危機に対する日本政府の政策対応における特徴について確認した。そこで明らかになったことは，危機は必ずしも既存の日本型生活保障レジームの特徴に大きい変化をもたらしたわけではないということである。たしかに，外部ショックに対する応急措置的な制度変化は観察された。ただし，変化した制度の多くが持続しておらず，危機が落ち着くにつれ，元の状態に戻る傾向が強く現れた。また，それだけでなく，コロナ禍においては，応急措置のための財政支出の規模が大きすぎたため，既存の雇用保険制度の持続可能性にも問題が発生する結果となった。様々な特例措置の要素だけを見ると，既存の日本型生活保障レジームに大きな変化が現れているように見えるものの，長期的には，さらに小さい福祉国家になる可能性がより高いと言えるだろう。その意味において，危機は日本型生活保障レジームの特徴に変化をもたらすわけではなく，長期的にはその特徴がより強化される帰結をもたらすと考えられる。

　これまで確認したように，日本政府の大規模経済危機への対応における

共通点は，基本的に企業への支援を通じた応急措置で早期の経済回復を達成することによって危機を克服しようとした点である。しかし，日本政府が取り得る政策手段の幅は，徐々に制約されてきた。石油危機の際に危機克服手段として利用された公共事業は，緊縮財政の影響を受け，積極的に選択し得る政策手段ではなくなった。また，インフォーマルな雇用慣行をサポートすることによる雇用対策は，インフォーマルな雇用慣行そのものが徐々に形骸化する中でそれを維持することは困難である。その中で起きたコロナ危機は，政府の政策手段をさらに大きく制約した。コロナ危機の中では，感染拡大を抑えるために経済活動そのものに制限をかけざるを得なかったのである。「強制的な脱商品化」とも言えるこのような状況では，福祉国家が市場に大きく依存している場合に，コロナによる被害をより大きく受けるとともに，そもそもの福祉国家の役割が制約されていたため選択可能な政策手段は限られることになる。その結果，市場への高い依存によってもたらされる政策手段の選択の制約は，応急措置的な手段としての大規模財政支出を伴う対応に繋がった。さらに，労働市場の二重構造の中で，雇用保険制度の適用を受けない労働の形態を積極的に推進してきた日本政府の政策選択は，応急措置の対象範囲を大きくした。

　制度階層性の概念から日本政府の大規模経済危機への対応を捉え直すと，自民党・官僚・企業といった同じ利益を共有する集団である支配的ブロックが高い利害関係を有する雇用レジームにおいては変化が起きにくく（短期的な応急措置は実施されたものの），支配的ブロックがほとんど利害関係を持たない福祉レジームでは持続的な制度変化（形骸化）が起きてきたと理解することが可能であろう。それに加えて，支配的ブロックが主導する制度変化の動きに対する抵抗勢力の脆弱さゆえに，福祉レジームの変化は容易に達成できた側面が強いと考えられる。

5　危機と制度変化

　本稿では，決定的分岐点（Critical juncture）や断絶的平衡（Punctuated equilibrium）が最も観察されやすいと考えられる事例として大規模経済危機を位置づけた上で，大規模な経済危機が発生したにもかかわらず，雇用レジームを通じた福祉レジームの代替という日本型生活保障レジームの特徴には変化が生じなかったことを確認した。

　その中で，これまでの日本を事例とした福祉国家研究において決定的分岐点とされてきた1970年代の石油危機の解釈とは異なる解釈を行った。これまでの通説では，石油危機が，日本の福祉国家としての発展を抑制した決定的分岐点として議論されてきた（高藤 2002；横山 1986）。狭義の福祉レジームを中心に福祉国家を捉えるのであれば，たしかに石油危機を分岐点として福祉レジーム縮小の動きが活性化したことは事実である。それに対して，本稿では石油危機を，雇用政策の性格変化という意味において決定的分岐点として捉え，日本型生活保障レジームの基礎が形成された時期として位置づけた。

　危機が必ずしも既存の日本型生活保障レジームの特徴に大きい変化をもたらしたわけではないという本稿の分析結果は，個別制度レベルの分析とレジームレベルの分析の区別によって得られたものである。短期間における個別制度レベルに分析の焦点を当てると，そこで目立つのは変化の側面であるが，長期間のタイムスパンにおける雇用政策と社会政策の組み合わせによって構成されるレジームレベルの分析において目立つことは，その持続性である。個別制度レベルにおける変化の持続（legacy）という要素が，レジームレベルにおける変化をもたらす上で重要な意味を持つと考えられる。そして，それは支配ブロックによる一時的な応急措置ではなく，権力関係そのものの変化に基づくものである必要があるだろう。

　また，制度レベルにおいては変化が生じる一方で，レジームレベルにお

いては変化が起きない理由を理解するためには，レジームを構成する制度
間の権力関係に注目する必要があるだろう。1970年代の石油危機をきっか
けに労働側の勢力が弱体化し，それが固定化した結果として現れた制度間
の権力関係の非対称性が，危機対応の局面においても変化していない。自
民党の政治家や官僚，企業を中心に構成された支配ブロックが高い利害関
係を有する雇用レジームは，福祉レジームより上位に位置し続けてきた。
「雇用レジームを通じた福祉レジームの代替」という表現だけでは十分に
見えてこない，権力関係が投影された制度間関係という構造の観点からす
ると，制度間の権力関係に変化が発生しない限り，日本型生活保障レジー
ムに根本的な変化が起こることは考えにくいだろう。

　一方，制度変化をめぐる議論の方向性における変化に関しては，リーマ
ンショック直前の動きに代表されるように，大規模経済危機とは関係なく
一定の変化が観察された。ここからは，社会的な負の影響や不満の蓄積な
ど，長期的な原因による制度変化の可能性が示唆される。本稿では，危機
を外部衝撃として位置づけた上で分析を行ったが，同じ危機であっても，
それがもたらす影響力の程度は既存の制度構造に大きく左右される。危機
の内部化過程において制度が与える影響のメカニズムについての分析も合
わせて行う必要があると考えられる。長期原因・短期原因・長期結果・短
期結果の組み合わせが描く様々なダイナミズムとその関係性の分析につい
ては今後の研究課題としたい。

　　謝辞：本稿は2022年度日本比較政治学会（第25回大会）・自由企画２「福祉国家変容
　　　の事例分析」での報告ペーパーを基に，大幅に修正したものである。司会を務め
　　　られた近藤正基先生と討論者の西岡晋先生，坂野智一先生に感謝申し上げる次第
　　　である。また，２名の匿名査読者の先生方から論文の改善にとって大変有益なご
　　　指摘をいただいた。ここに記して感謝申し上げたい。

注

　1）　リーマンショック時においては，*Financial Times* の2008年8月21日の記事

「The return of the state」がある。コロナ禍においては，*The Economist*が2021年5月6日の記事「Covid-19 has transformed the welfare state. Which changes will endure?」が，コロナ禍における福祉国家の役割の復活について触れた。日本国内でも『朝日新聞』（2021年5月20日付）が「コロナに敗北した新自由主義」という記事を掲載している。

2）　Thelen（2004）は，急激な制度変化を説明する断続的平衡モデルについて，制度の帰結におけるゼロ・サム的な理解しか生まないことを問題点として指摘し，漸進的な制度変容に注目する必要性を提起した。その影響を受け，近年の歴史的制度論に基づく制度変化を説明する理論は，主に制度内部の漸進的変化の側面に注目する傾向が高いと思われる（阪野 2006；西岡 2014）。

3）　ただし，当時の政策議論を主導したアクターたちは，長期的には労働力不足の問題が続くと判断した（菅沼 1991：325-329）。

4）　既存の雇用調整給付金制度が，1981年に雇用調整助成金となった。

5）　2012年5月25日付の厚生労働省・職業安定局の資料「リーマンショック後の雇用対策の効果の検証」によるものである。

6）　同制度は，後に大企業に雇用されるシフト制労働者にも拡大された（厚生労働省 2021b：175）。

7）　韓国においては，既存の雇用保険制度の枠内に不安定労働者までを包摂しようとする全国民雇用保険制度に向けた政策議論が行われている。

参考文献

アジア・パシフィック・イニシアティブ（2020）『新型コロナ対応民間臨時調査会——調査・検証報告書』ディスカヴァー・トゥエンティワン。

アマーブル，ブルーノ（2005）『五つの資本主義——グローバリズム時代における社会経済システムの多様性』（山田鋭夫・原田裕治ほか訳）藤原書店。

伊藤周平（2022）『コロナ禍からみる日本の社会保障——危機対応と政策課題』自治体研究社。

井戸正伸（1998）『経済危機の比較政治学——日本とイタリアの制度と戦略』新評論。

小熊英二（2019a）「総説——『先延ばし』と『漏れ落ちた人びと』」小熊英二編『平成史［完全版］』河出書房新社，11-98頁。

小熊英二（2019b）『日本社会のしくみ——雇用・教育・福祉の歴史社会学』講談社。

カザ，グレゴリー・J.（2014）『国際比較でみる日本の福祉国家——収斂か分岐か』（堀江孝司訳）ミネルヴァ書房。

金井郁（2015）「雇用保険の適用拡大と求職者支援制度の創設」『日本労働研究雑誌』
　　659号，66-78頁。

北山俊哉（2011）『福祉国家の制度発展と地方政府——国民健康保険の政治学』有斐閣。

北山俊哉・城下賢一（2013）「日本——福祉国家発展とポスト類型論」鎮目真人・近藤
　　正基編『比較福祉国家——理論・計量・各国事例』ミネルヴァ書房，336-360頁。

キャンベル，ジョン・C.（1995）『日本政府と高齢化社会——政策転換の理論と検証』
　　（三浦文夫・坂田周一監訳）中央法規出版。

久米郁男（1998）『日本型労使関係の成功——戦後和解の政治経済学』有斐閣。

小池拓自（2021）「新型コロナウイルス感染症と日本経済——家計及び企業部門への影
　　響と政策対応」『レファレンス』840号，3-26頁。

厚生労働省（2009）『平成21年版　厚生労働白書——暮らしと社会の安定に向けた自立
　　支援』。

厚生労働省（2021a）『令和3年版　厚生労働白書——新型コロナウイルス感染症と社
　　会保障』。

厚生労働省（2021b）『令和3年版　労働経済の分析：新型コロナウイルス感染症が雇
　　用・労働に及ぼした影響』。

阪野智一（2006）「比較歴史分析の可能性——経路依存性と制度変化」『日本比較政治
　　学会年報』8巻，63-91頁。

朱珉（2018）「生活保護制度」田多英範編『『厚生（労働）白書』を読む——社会問題
　　の変遷をどう捉えたか』ミネルヴァ書房，165-183頁。

新川敏光（2005）『日本型福祉レジームの発展と変容』ミネルヴァ書房。

新川敏光（2011）『福祉レジームの収斂と分岐——脱商品化と脱家族化の多様性』ミネ
　　ルヴァ書房。

菅沼隆（1991）「雇用保険の成立と労災保険の変容」横山和彦・田多英範編『日本社会
　　保障の歴史』学文社，322-334頁。

鈴木亘（2020）『社会保障と財政の危機』PHP研究所。

政府・与党社会保障改革協議会（2001）『社会保障改革大綱』。

高藤昭（2002）「社会保障法原理後退の過程と現状および課題」『大原社会問題研究所
　　雑誌』523号，1-11頁。

竹中治堅（2020）『コロナ危機の政治——安倍政権 vs. 知事』中央公論新社。

田多英範（1991）「社会保障制度改革期——序」横山和彦・田多英範編『日本社会保障
　　の歴史』学文社，272-276頁。

田多英範（2009）『日本社会保障制度成立史論』光生館。

堤健造（2021）「コロナ禍における雇用対策の現状と課題」『調査と情報――ISSUE BREIF』1134号，1-14頁。

内閣府（2019）「安倍政権 6 年間の経済財政政策の成果と課題」。

西岡晋（2014）「政策研究に『時間を呼び戻す』――政策発展論の鉱脈」『季刊行政管理研究』145号，16-30頁。

仁平典宏（2019）「社会保障――ネオリベラル化と普遍主義化のはざまで」小熊英二編『平成史［完全版］』河出書房新社，311-431頁。

宮本太郎（2008）『福祉政治――日本の生活保障とデモクラシー』有斐閣。

横山和彦（1986）「社会政策の危機と国民生活」『社会政策叢書』10号，225-247頁。

吉原健二・和田勝（2020）『日本医療保険制度史（第 3 版）』東洋経済新報社。

Béland, D., B. Cantillon, R. Hick, and A. Moreira（2021）"Social policy in the face of a global pandemic : Policy responses to the COVID-19 crisis," *Social Policy & Administration*, 55(2) : 249-260.

Boin, A. and P. 't. Hart（2022）"From crisis to reform? Exploring three post-COVID pathways," *Policy and Society*, 41(1) : 13-24.

Chohan, Usman W.（2022）"The return of Keynesianism? Exploring path dependency and ideational change in post-covid fiscal policy," *Policy and Society*, 41(1) : 68-82.

Chung, H. and S. Thewissen（2011）"Falling back on old habits? A comparison of the social and unemployment crisis reactive policy strategies in Germany, the UK and Sweden," *Social Policy & Administration*, 45(4) : 354-370.

Collier, R. B. and D. Collier（2002）*Shaping the political arena : Critical junctures, the labor movement, and regime dynamics in Latin America*. Notre Dame, Indiana : University of Notre Dame Press.

Cook, S. and M.S. Ulriksen（2021）"Social policy responses to COVID-19 : New issues, old solutions?" *Global Social Policy*, 21(3) : 381-395.

Estévez-Abe, M.（2010）*Welfare and capitalism in postwar Japan*. New York : Cambridge University Press.

Garland, David（2016）*The welfare state : A very short introduction*. Oxford : Oxford University Press.

Hall, Peter A.（1993）"Policy paradigms, social learning, and the state : the case of economic policymaking in Britain," *Comparative politics*, 25(3) : 275-296.

Hill, M. (2011) "The Economic crisis and paradigm change," in Farnsworth, Kevin., Zoë Irving (eds.), *Social policy in challenging times : Economic crisis and welfare systems*, 31-48. Bristol : Policy Press.

Hogan, J., M. Howlett, and M. Murphy (2022) "Re-thinking the coronavirus pandemic as a policy punctuation : COVID-19 as a path-clearing policy accelerator," *Policy and Society*, 41(1) : 40-52.

IMF (2021) Database of Fiscal Policy Responses to COVID-19 (https://www.imf. org/en/Topics/imf-and-covid19/Fiscal-Policies-Database-in-Response-to-COVID-19).

Knill, C. and Y. Steinebach (2022) "What has happened and what has not happened due to the coronavirus disease pandemic : a systemic perspective on policy change," *Policy and Society*, 41(1) : 25-39.

Miura, M. (2012) *Welfare through work : Conservative ideas, partisan dynamics, and social protection in Japan*. Ithaca and London : Cornell University Press.

Pierson, Paul (2011) *Politics in time : History, Institutions, and Social Analysis*. Princeton : Princeton University Press.

Soon, S., C. C. Chou, and S. J. Shi (2021) "Withstanding the plague : Institutional resilience of the East Asian welfare state," *Social Policy & Administration*, 55 (2) : 374-387.

Starke, P., A. Kaasch, and F. Van Hooren (2013) *The welfare state as crisis manager : Explaining the diversity of policy responses to economic crisis*. New York, NY : Palgrave Macmillan.

Thelen, Kathleen (2004) *How institutions evolve : The Political Economy of Skills in Germany, Britain, the United States, and Japan*. Cambridge : Cambridge University Press.

（べ・じゅんそぶ：明治学院大学）

第4部

危機における国家と超国家組織

危機の時代における欧州統合と国家

佐藤俊輔 ［國學院大學］

1 危機と統合，国家という問題系

　2000年代半ば以降，欧州連合（EU）は憲法条約の挫折，ユーロ危機，難民危機，英国のEU離脱，またCOVID-19に至るまで一連の複合的危機に直面し続けてきた（遠藤 2016；Zeitlin and Nicoli eds. 2020）。そしてこのことは，欧州統合研究においてこれらの危機と欧州統合，そして国家との関係をどのように捉えるかという強い問題意識と，新たな理論的試みを生み出した。

　危機が欧州統合へ及ぼした影響として，いくつかの点が指摘できる。第一に，危機は欧州統合の停滞や，統合を通じた問題解決の機能不全を生じさせ，EUに正統性の課題をつきつけた。そのことは，2010年代，ユーロ危機の中で生じたEU市民のEUへの信頼低下や，欧州懐疑主義・ポピュリズムの拡大といった現象に示されている。

　第二に，これらの危機はEUと国家との関係について再考の必要性を生み出した。憲法条約の失敗は，少なくとも近い将来において，EUは欧州合衆国と形容されるような国家性を帯びた政治体にはならないとの認識をもたらしたが，そのことは統合の終着点を曖昧にし，統合の進展により国家の役割が縮小していくという単線的な理解の在り方に疑問を付した。加えて，その後のユーロ危機等では各国首脳による欧州理事会がしばしば重要な役割を果たし，危機時に国家が果たす役割の重要性が認識されるよう

になった。そして，こうした認識の変化は，2017年に欧州委員会が「欧州の将来に関する白書」を公表したことにも示されるように，欧州統合の将来像，そしてそこにおける国家とEUとの関係について再考の必要性を生じさせた。

　第三に，しかしながらこれらの危機の経験は，欧州統合と国家，危機との連関について，もうひとつの問題を提起した。それは危機にもかかわらずの統合の進展という現象である。連続する危機は，たしかにEUの持っていた課題を深刻化させたが，他方でユーロ危機や難民危機に関する実証研究は危機下での統合進展についても指摘してきた。このことは，相次ぐ危機の中でEUの政治化や欧州懐疑主義の拡大が生じたことを考えた時，一層説明の必要を増すであろうし，前述の危機における国家の重要性の回帰と，危機にもかかわらずの統合の進展とをどのように整合的に理解できるかという問題をもたらした。これらのことが，欧州統合・EU研究において新たな理論的視野の模索を強く促す要因になったと言える。

　本報告は，以上 3 つの相互に関連する問題意識を出発点とし，危機によるEUと国家の関係性の変化について考察を加える。危機が国家の前景化と，EUの制度的発展の双方をもたらすとすれば，国家とEUの相互関係についてより繊細な理解が必要となるであろうし，国家の回帰が単線的に統合の後退をもたらすとも言えない。このとき国家の境界はどのような形をとり，また国家間の協調と統合はどのように可能なのか。本稿ではこれらの点につき一定の分析を試みる。

　この目的から，本稿は次節において，2000年代半ば以降の一連の危機の中で生じた新たな理論的挑戦を跡づける。これらの理論的試みにおいては，危機による統合への消極的影響と，それにもかかわらずの統合の進展が分析の焦点とされてきたが，それらの理論のいくつかが予測してきたのは，危機の中の統合の政治化と正統性の危機である。そこで本稿の第 3 節では，まず政治化の進展とその影響について実証研究を手がかりに検討し，次いで，EUの正統性の危機につき，近年の人々の統合に対する態度や国家間

の連帯に関する調査等から検証を加える。そして最後に，第4部で，それ
らの分析を受け欧州統合と国家との関係をどのように理解することができ
るのか，その含意を検討し結びとする。

2　国家とEU──統合理論の再検討，統合理論からの再検討

　欧州では，一連の危機が生じる中で，それらの危機とその影響について
多くの研究が生み出されてきた（Ioannou et al. 2015；Dinan et al. 2017；
Grimmel 2019；Brack and Gürkan eds. 2021等）。そのような研究の進展
は，新機能主義や政府間主義という伝統的な統合理論を問い直し，それら
とは異なる視角を提示する新たな理論を生み出すことへつながった。そこ
で本節では，これらの理論的挑戦について整理を行うとともに，それらの
理論が，冒頭で示したような，危機と統合，国家に関する三つの問題意識
──「統合の政治化と正統性」「国家の前景化」「危機にもかかわらずの統
合の制度化」──に対してどのような視角を提示しているかを論じる。

①統合の政治化
　これらの新たな理論的視角においては，欧州統合の政治化と正統性の課
題について新たな議論が提起された。周知のとおり，ユーロ危機以降，欧
州懐疑主義は大きな高まりをみせたが，それに先立ち，1990年代のEUに
おいてはすでに「民主主義の赤字」と呼ばれる問題が認識されていた。そ
の後2005年に憲法条約の批准がフランス，オランダという原加盟国で否決
されたことで，EUの正統性をめぐる課題は一層深刻さを増していたと言
える。このようなEUの政治化と正統性の問題に正面からの議論を提起し
たのが，ポスト機能主義の理論である（Hooghe and Marks 2008）。
　ポスト機能主義の理論は，統合の政治化という現象を取り上げ，新機能
主義と政府間主義という二大理論潮流が，EUについて以前ほど有用な道
標ではなくなっていると主張した。ポスト機能主義は，それらの二大理論

は基本的に機能的合理性に焦点を当て，かつ主として経済的選好によって統合の進展を説明するものであり，1990年以降その適用の幅は狭められていると論じた。その転換点としてポスト機能主義が着目したのは，マーストリヒト条約であった。同条約により，欧州統合は通貨統合や政治統合という主権やナショナル・アイデンティティにかかわる領域へと足を踏み入れ，そのことは欧州統合を世論や政党競争の次元で争われる争点とした。それ以降，欧州統合は大衆政治においてナショナル・アイデンティティをめぐる紛争を生み出すものともなったのである。

　このとき，政治化とは一般に，以前は非政治的であった争点を政治的領域へと移動させることを指す概念だと考えれば，あらかじめそれが統合に対して積極的・消極的影響のいずれかをもたらすとは言えない。しかし，政治化が統合に対して積極的に働くとする新機能主義や，政治化にさほど関心を示さない政府間主義とは異なり，ポスト機能主義は，政治化の進展は各国の欧州懐疑主義政党が欧州に対し懐疑的な市民を動員することを容易にし，欧州統合への支持を覆す要因となると予測した。そしてこのことが統合の水準や範囲について下方への圧力を生み，政府の交渉における裁量の余地を狭めることへとつながる。そのため，ポスト機能主義においては，以前には存在したエリートによる統合への「許容的な合意」が，いまや統合の深化に対する「抑制的な不一致」の時代となっており，各国の指導者が欧州の争点について交渉するときにも，その肩越しに各国内の情勢を気にかけねばならないと論じられる。

　ポスト機能主義に類似した視角は，ゲンシェルらが提起する「コア・ステート・パワー」論にも見出される（Genschel and Jachtenfuchs eds. 2014；Genschel and Jachtenfuchs 2018）。この議論も，ポスト機能主義同様，新機能主義と政府間主義との間に，相違よりも共通性を見出す。それによれば，両理論は第一に，相互依存が統合への要請を生み出すという点で一致しており，第二に，統合は大半の場合，規制的主権をプールすることにより行われ，第三に，統合に際して配分をめぐる争いはあるとされ

るものの，その解決については楽観的である。結果として，両理論は統合について機能的な楽観主義を共有しているが，1990年代以降の統合の大半はコア・ステート・パワーに関するものであるため，その妥当性はより低くなるというのがその主張である。

　このときゲンシェルらは「コア・ステート・パワー」を「国家の正統な強制力と徴税の独占に由来する行動資源」と定義し，軍事力，警察力，国境管理，公的歳入，行政能力等を挙げる。そして，このような資源においては，第一に，本質的に限られた資源であるために配分をめぐる紛争が顕著なものとなりやすく，ゼロサム的な紛争の確率が高まる。第二に，コア・ステート・パワーにかかわる分野では，市場統合に比べ，規制のみでなく実質的な財政，行政，強制力の投資が必要となる。そのために遵守には各国の意志だけでなく能力も問題となり，欧州レベルでの負担分担も必要とされる。第三に，コア・ステート・パワーの統合は人々の配分的利益に直接影響を与え，アイデンティティにも影響するため，高い注目を集める。納税義務や福祉の権利などは各国の社会契約の中心にあり，また移民法や国籍法は誰がナショナルな共同体に属するかを定義する。そのため，その統合はヨーロッパの国家性，ナショナルな共同体，民主的な自己決定といった争点をより際立ったものとする。このとき，統合の需要はなくなったわけではないが，それに見合う統合の供給はなされにくくなるというのがその主張である。

　このように，1990年代以降の統合の性質変化を捉えようとする議論が2000年代末から提起されるようになった。ポスト機能主義にせよ，コア・ステート・パワー論にせよ，これらの理論は統合の領域が市場統合を中心とした部分からそれ以外の部分，特に通貨や移民政策，司法協力や政治統合などの領域へと拡大していったことから，各国において人々の注目を集めやすくなり，統合の進展がより難しいものとなったと論じる点では共通している。特にポスト機能主義の議論においては，統合の政治化は統合への懐疑を動員する負の循環につながるものと予測されている。このような

議論は，2000年代の一連の危機の中で生じた欧州におけるポピュリスト政党の持続的伸張や，ブレグジットで生じたようなレファレンダムによる統合への逆風を考えるとき，実感に沿うものとして理解されやすい。しかしながら，他方でユーロ危機や難民危機の分析は，たんに危機の中での統合の政治化とEUの機能不全という理解にも収まらない現象を提示してきた。それが以下で述べる危機の中の国家の前景化と，その中での統合の進展である。

②危機における国家の前景化と危機にもかかわらずの統合の進展

　ユーロ危機や難民危機の推移の中で明らかになったのは，ギデンズが指摘したように，危機の時代においては少数の首脳たちによる対応が重要になるということであった（ギデンズ 2015）。ギデンズは欧州委員会や欧州議会，EU理事会といったEUの諸機関による場を「EU 1」としたが，ユーロ危機の対応の過程で重要な役割を担ったのは，ドイツのメルケル首相やフランスのオランド大統領，欧州中央銀行の長など少数の人々による「EU 2」であったと述べる。それはおそらく，厳しい危機の中では，あらかじめEU 1に付与された限定的な権限では対応が困難になるためであろうし，ユーロ危機であれ，難民危機であれ，その対応においてEU諸国の首脳により構成される欧州理事会が大きな役割を果たした。

　他方で，この国家の前景化を念頭に置いた時，伝統的な政府間主義の視角から逆説的に見えるのは，そのような少数のリーダーたちによって対応がなされる中で，危機に起因する諸国間の利益対立が引き起こされるものの，他方では，それを通じて統合が強化され，進展していったことである。たとえば，ユーロ危機の中ではユーロプラス協定，6パック，財政条約，2パックといった制度改革や，欧州安定メカニズムの設置，銀行同盟の創設等により「ユーロ2.0」と評されるような制度強化がなされている（田中 2016）。そこでは，あたかも二つのプロセス，「分裂・対立」と「事実上の統合」が絡み合い進行するような状況が生じたと言える（ギデンズ

2015）。

　従来のEU機関が危機の中で後景に退き，国家の首脳が前景に現れたのであれば，なぜその際に統合が進展するのであろうか。この問いに答えるように近年提起されたのが「新政府間主義」の理論である（Bickerton et al. 2015；Bickerton et al. eds. 2015）。この新政府間主義の理論は，ポスト機能主義の理論同様，マーストリヒト条約以降の統合は許容的な同意の終わりにより特徴づけられるとした上で，そのために同条約以降，EU統合は大きく進展したものの，その統合の在り方は，諸国に一律の規制を課すというよりは，よりソフトな政策調整を中心とするものへ変化したと指摘する。そのような統合の進展において，各国の指導者は，一方でヨーロッパにおける政策形成に関与しながらも，他方ではEUに対して懐疑的な目を向ける国内世論に対処しようとし，その両者の間で実際的な均衡を見出そうとしていると主張した。

　新政府間主義の提唱者は，その初期の論稿で六つの作業仮説を提示しているが，そのいくつかとともに内容を概観すると以下の通りである（Bickerton et al. eds. 2015；Hodson 2021）。第一に，許容的同意が終焉する中で，諸国間の合意を達成するために熟議とコンセンサスが政策決定の指導原則となっており，各国首脳による欧州理事会や，各国の閣僚級代表によるEU理事会においても同様である。第二に，そのような合意の結果としての統合は，加盟国が欧州委員会やEU司法裁判所等の伝統的超国家機関の強化を回避するために，新たに独立の執行機関としてエージェンシーを設立するものとなる。第三に，上述のような形態で統合が進む一方，国内では人々が政策に対する幻滅を強めるために，EUは不均衡な状態の中に置かれているという。

　こうした新政府間主義の議論については，いまだ評価が定まったとは言えない。たとえばその予測とは異なり，ユーロ危機を通して欧州委員会の権限が大きく強められた側面を見過ごすことはできないであろうし，新政府間主義は既存の理論に何を付加しているのかという根本的な指摘も重要

である（Schimmelfennig 2015）。また，度重なる危機の中でなぜ統合が進展するのかという問いに対しては，政府間の妥協が常に不完全に終わるために，機能的な問題から将来的に新たな統合の必要が生じるという「将来に向かっての失敗」の理論も，新機能主義と政府間主義を結合させた有力な説明である（Jones et al. 2016；Jones et al. 2021）。

　しかし，少なくとも新政府間主義が「作業仮説」という言葉で自己定義するように，近年の欧州統合の政治化と，その中での国家の前景化，そしてそれにもかかわらずの統合の進展という逆説を説明しようとする意欲的な理論仮説だとの評価は可能であろう。その仮説の中で特に強調されるのは，欧州の「不均衡」という概念である（Hodson and Puetter 2019）。新政府間主義によれば，この不均衡とは「欧州連合の将来に対し疑問を呈するような方法で政治を分極化させる政策的アウトプットを生み出すEUの傾向」であり，それを生み出すのは，一方の統合主義的でコンセンサス志向のエリートによる機能不全の政策アウトプットと，他方での欧州統合の利益への公衆の懐疑主義，EUと各国政治システムの双方への信頼の衰退，といった機能不全のインプットである。この不均衡の中で，システム的課題は増大しながらもEUは生き延びていくが，統合主義的な指導者と統合に懐疑的な公衆との間の分断は，やがて「抑制的な不一致」を越え，EUの持続可能性に疑問を投げかける「破壊的な不一致」を導くのではないか。新政府間主義が示すのはこのような現状認識である。

　このように，近年の新たな理論潮流の視角から欧州統合を捉えた時，そこにはいくつかの共通点を見出すことができる。ひとつはそれらの潮流がマーストリヒト条約の成立を画期として統合の性質が変化したとみなす点であり，もうひとつは，そのような統合の変質を受け，加盟国の国内で統合の政治化が生じるために，欧州統合が拘束されることになったとする点である。いわば，各国の国内政治と欧州統合をめぐるEUレベルの政治の連結がここでは認識されている。

　そして，新政府間主義はそのような状況に置かれた国内の指導者たちが，

一方では欧州統合への関与を行いながら，国内世論に対しても関与を行う２レベル・ゲームのような構図の中で，二つのアリーナの間で懸隔が開いていくと予測した。この図式においては，国内的な統合の政治化が生じ，危機への対応が困難となるにもかかわらず，欧州統合それ自体は進展するという逆説的な構図がなぜ生じるのかが明快に理解されるように見える。そして新政府間主義によれば，そのような形での統合の進展は，翻ってEUの正統性の危機を拡大させていくということになる。それでは，このような統合の政治化と，正統性の危機への理論的予測は果たして妥当だと言えるのであろうか。

3　統合の政治化と国境を越えた連帯

　第2節において新たな理論潮流の検討により明らかになったのは，国内的な統合の政治化と，統合の正統性の危機という問題認識であった。そこで本節では，第一に危機における統合の政治化の程度・影響について，先行研究に依拠しつつ検証し，次いでこれらの危機が統合の正統性に対して与えている影響とはどのようなものか論じたい。

（1）　統合の政治化と国境を越えた亀裂の出現？
①政治化の理論的検討
　統合の政治化の程度・影響について，現状を捉えるため，まずはこうした政治化が統合に対してどのような影響を与えると考えられてきたか，整理しておきたい。EUの政治化に関する理論的立場としては，およそ三つの潮流が見出せる（Rauh 2021；Zeitlin and Nicoli eds. 2020）。第一の潮流は上記のポスト機能主義や新政府間主義の潮流であり，そこでは統合の政治化は，欧州統合にとっての「抑制的な不一致」として，消極的意味合いを以て見出される。ポスト機能主義の視角によれば，統合の政治化は，EUの諸機関やエリートに対して国内世論を動員する空間を各国の政治的

起業家に与え，そのことは欧州レベルの政策決定を麻痺させることにつながる（Hooghe and Marks 2008）。

　第二の潮流は，伝統的な政府間主義やリベラル政府間主義の立場に連なる見方であり，これらの理論では各国の選好はエリートや経済的な利益集団によって形成されると考えるため，公衆の議論がそれに関与することは予期されていない。これらの理論において，EUは大半の市民にとって「知らないのが合理的」（Moravcsik 2006）な領域で活動するとみなされ，各国間交渉は国内の短期的な政治的圧力から隔離された空間で行われると考えられている。

　これに対し第三の潮流は，政治化を欧州の政治・社会の深層における変容を示すものと捉える。たとえば，新機能主義の潮流は政治化をより肯定的に捉え，統合が広範な市民へと広がる中で，国内政治システムと超国家機関の双方の変容が予期されている。同様に，政治化を統合の前提として捉える見方は，いわゆる新機能主義の論者を越えて広く見出すことができる（Beck and Grande 2007；Habermas 2012；Risse 2010）。加えて，政治化と政治・社会的変容を結びつける視角として，社会的亀裂に関する研究が挙げられる。政治化の高まりによって欧州統合やEUの政策決定が政治的紛争の対象となるにつれ，それが新たな社会的亀裂となり，国内あるいは欧州レベルの政党間競争の再編を促すとする見方である。たとえば，バルトリーニは，欧州統合が新たに越境的亀裂を加え，欧州次元での政治的構造化を生じさせるのではないかと論じた（Lipset and Rokkan 1967；Bartolini 2005）。

　以下では，こうした政治化に関する理論的視角を念頭に置きつつ，統合の政治化はどの程度，またどのようにして生じていると言えるのか，またその影響としての社会的変容はどの程度生じているのかについて，実証研究の知見に依拠しながら検証する。

②欧州統合の政治化──その程度および経路

　それではまず，統合の政治化はどの程度生じていると言えるのだろうか。この点について，最も包括的な分析を提供しているのがハッターらである（Hutter et al. 2016）。1970年代から2012年までの欧州6カ国の新聞記事を分析したこの研究において，彼らが見出したのは，意外にも時期や国，政治のアリーナによってその程度が大きく異なる「間欠的な政治化」の傾向である。彼らによれば，そこにはたしかに政治化の証拠が見出せる。たとえば当該国のEU加盟や新規加盟国の加入，超国家機関への権限移譲は広く論争の対象となり，可視的で，強い分極化を生じさせる。このことは政治化の仮説を実証するように見えるが，しかし全体として見れば，そこでは政治化の強さ，時系列的な傾向，各国間の多様性が存在し，一貫した政治化の拡大が見出せるわけではないというのがその結論である。

　この間欠的な政治化を説明する上で，彼らはEUの政治化を生じさせる経路が複数存在することに注意を促している。ポスト機能主義者が急進右派政党による動員を通じた政治化を主に念頭に置くのに対し，ハッターらは，政治化は必ずしも急進右派政党によって生じさせられるだけでなく，最も多いのは主流政党の与党・野党間での政治化であり，主流政党内の対立によって政治化が生じる場合もあると指摘した。そのことから，政治化は，欧州統合の過程の特性としてよりも，それら諸主体による政治化／脱政治化の一連の戦略として理解されなければならないと述べる。

　ラウの研究は，この「間欠的な政治化」の図式に沿いながらニュアンスを加えるものである。ラウは1990年から2012年までのEU6カ国の世論の分極化，EUのメディアにおける可視性，EUへの抗議運動を用いて政治化を指標化し，後の二者が経時的に大きく変化するのに対し，主として世論の分極化の進展が政治化の上昇をもたらしていることを示している（Rauh 2021）。またラウらは，ユーロ危機に際しての各国指導者と欧州委員の演説を分析し，それぞれの主体による世論に向けた積極／消極のメッセージの発信の在り方や，政治化／脱政治化の多様な戦略を明らかにした。

このことは政治化の経路に関するハッターらの指摘を裏づけるものと言える（Rauh et al. 2020）。そして，これらの実証研究が示す「間欠的な政治化」や，その多様な経路についての知見は，総じて欧州統合の政治化が一貫して強まっているわけではなく，その影響についても前述の理論仮説のいずれかに単純に当てはまるわけではないことを示している。

　しかしながら，そのことは必ずしも，統合の拡大やその政治化によって政治的・社会的変容が生じていないことを意味するわけではない。欧州政治においては，これまで政治空間の変容について多くの研究が成されてきた。それらの研究潮流においては，一般に，政治の対立軸を従来の経済的左右の一次元ではなく，二次元的政治空間として捉える視角が示されているが，こうした視角はポスト機能主義の論者によっても採用され，そこでは文化的なGAL／TAN軸が新たに越境的な亀裂を形成しているとの研究が蓄積されてきた（Hooghe et al. 2002；Marks et al. 2021）。

　また欧州統合と人の移動の重要性の増大が伝統的なナショナル・アイデンティティに疑問符を付し，経済・文化・制度的統合の側面から新しい「境界／統合」の亀裂が生じているとするクリージらの研究も有力である（Kriesi et al. 2008）。これに関連し，1979年から2019年まで40年間の欧州議会選挙における「境界／統合」の亀裂を分析したエマニュエルらは，各国における「境界」設定側の政党ブロックの強さと，各選挙における変移性の分析を通じて，「境界／統合」の亀裂が欧州28カ国中で20カ国に出現していると結論づけている（Emanuele et al. 2020）。

　以上の先行研究から顧みた場合，欧州統合の政治化と政治・社会的な変化の現状は両義的である。欧州統合の政治化について言えば，「間欠的な政治化」の議論が示す通り，ポスト機能主義や新政府間主義の理論が予期するようには政治化の増大があったとは言えない。しかし他方で，この間欠的な政治化が政治・社会的変容をもたらしていないかと言えば，そうとも言えない。既述の通り，グローバル化の影響を基底として欧州統合や人の移動・移民争点が含まれるような新しい国境横断的な対立軸が生じてい

ることは多くの研究によって確認されてきた。このことは，小川が政治の
「遠心化」と表現するような，「政治化」の後景にある変化を示唆するもの
であろう（小川 2019）。したがって，欧州統合にかかわる争点が各国内で
一定の軸を形成し，潜在的に政治化の対象となる構図は生じていると言え
る。そうだとすれば，このような変化は新政府間主義の予測するような正
統性の危機を導いていると言えるのであろうか。

（2）　欧州における危機と連帯
①EU市民のEUに対する認識とその変化

そこで，EUの正統性の現状について検討するため，まずは近年の世論
調査に表れたEU市民の意識を確認することから始めたい。たとえば，EU
市民へ自国のEU加盟の良し悪しを尋ねた調査では，2022年の段階で65％
が良いことと答え，悪いことと答えた8％を大きく上回っている（図1参
照）。最も支持が低下したのはユーロ危機の最中の2011年頃（良いこと
48％，悪いこと18％）であるが，一連の危機が生じた2010年代前半に比べ，
良いことと答えた市民の率は現在まで上昇傾向にある[1]。

このことは，自分をEU市民だと感じるかと尋ねた調査でもほぼ同様の
傾向が表れている（図2参照）。「自分をEU市民と感じるか」という質問
に対し，2013年の後半期に「はい」が最も少なく，「いいえ」が最も多く
なった（それぞれ59％，40％）ものの，その後「はい」が上昇を続け，
2021年には「はい」が72％，「いいえ」が27％となっている[2]。また，EUが
正しい方向へ向かっているかを尋ねた調査では，2010年以来一貫して
「誤った方向へ向かっている」が「正しい方向へ向かっている」を上回っ
てきたが，2022年には約12年ぶりに「正しい方向」（43％）が「誤った方
向」（40％）を上回った[3]。したがって，これらの世論調査の動向からは，
EUの正統性の危機は決して一貫して悪化しているわけではなく，むしろ
全体として緩やかな回復傾向にあることが窺える。

無論こうした調査をもってEUの正統性に問題がないと言えるわけでは

図1 EU加盟に関するEU市民の態度

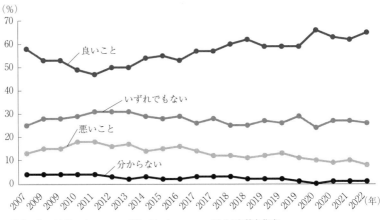

出典：Special Eurobarometer 517，Eurobarometer 97.3より筆者作成。

ない。たとえばEUをどう思うかと尋ねた2021年の調査において，EUを好ましいとする人々は73％であったが，その中で現在のEUを好ましいとする人々は27％，EUは良いが現在の作動の仕方ではないとする人々は46％であった[4]。加えてEUへの支持の意味合いは国により多元的であり得るし（Toshkov and Krouwel 2022），また平均値では安定して見えるEUへの支持の背景に，実際には分極化の強まりが隠されている可能性もある（Rauh 2021）。しかし，少なくともこのような傾向は，ポスト機能主義や新政府間主義の予測とは異なる現実を映していると言ってよいであろう。

加えて，今般のCOVID-19に起因する危機に目を向けた場合，こうした危機の発生と統合の正統性との関係自体も問い直される必要がある。2020年のコロナ危機では，当初EU各国が国境管理を相次いで再導入する中，再度の「国家の前景化」が生じ，欧州統合は再び危機に陥ったように見えた。しかし，他方で同年7月にはEUでコロナ危機に対する7500億ユーロに上る復興基金が合意され，特にその補助金をEUの共同債権により調達するとされたことは，以前のユーロ危機とは大きく異なり迅速な危機対応がなされ，かつ経済ガバナンスに根本的な変化をもたらしたと評価されて

図2　EU市民としての自意識

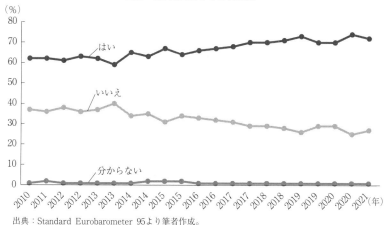

出典：Standard Eurobarometer 95より筆者作成。

いる（Ladi and Tsarouhas 2020）。

　EU諸国がそのような合意を形成できたことは「裏返されたポスト機能主義」とも表現される（Genschel and Jachtenfuchs 2021）。ポスト機能主義の理論では，「機能」が必要なガバナンスの規模に従って拡大する反面，集団的なアイデンティティを伴う各国の「共同体」はそれに合わせて拡大できず，統合に対する抑制となるという構図であったのに対し，コロナ危機では，「機能」の側が安全を求めてその規模を縮小させたが，対して「共同体」の連帯はEUの規模へ拡大したというのである。このことは常に「機能」が「共同体」よりも大きな規模となるわけではないし，「共同体」の規模も常に各国の国境と同一なわけではないことを示している。そうだとすれば，危機は常に統合に対して制約的なものとして現れるわけではない。危機と各国の統合との関係も，より開かれたものとして見直される必要があろう。

②EUにおける危機と国境を越えた連帯

　そこで最後に，EU加盟国の人々が，EUのさらなる統合やEU域内での

連帯についてどのような考えを抱いているのかについて，簡単に論じることにしたい。このことは「統合の終焉」（遠藤 2013）以後のEUの姿を改めて見極めるために必要なことであろう。

　この点についてブレマーらが興味深い研究を行っている。2018年に行われた調査をもとに，彼らはEUレベルの垂直的なキャパシティ・ビルディングと国家間の水平的な資源の移転を区別し，それぞれに対する世論の支持を示した。それによれば，以下の三点を特徴として指摘することができる（Bremer et al. 2020）。第一に，一般的にEUレベルでの垂直的なキャパシティ・ビルディングよりも，各国間での水平的な資源移転への支持が高いこと，第二に，垂直的移転の場合でも，財政については反対が賛成を上回るが軍事的キャパシティ・ビルディングについては賛成が半数以上を占め3割程度の反対を上回ること，第三に，水平的移転の場合にも，争点によって大きく支持の割合が異なることである。

　国家間の水平的連帯については，2021年に13カ国を対象として調査が行われている（Genschel et al. 2021）。そこでは，水平的連帯一般に関し，自国の資源を自国内で使用すべきか，それともEU全体の全ての国や人々のために使用すべきか（前者が0，後者が10までのスケールで回答）を尋ねた結果，平均5.56と，国家間の水平的連帯にある程度積極的な姿勢が示されている。

　また，争点別の水平的連帯への態度に関しては，図3のように結果が示されている。それによれば自然災害の際の他国への支援や，伝染病，軍事攻撃，気候変動等の脅威に対しては，各国市民が連帯を広範に支持しており，難民危機に対しても，賛成と反対の差はより小さくなるものの，依然として支持が反対を上回る。これに対し，雇用や財政の問題では，反対が賛成を上回る状態となっている。

　このような争点ごとの差異は他の調査においても類似した形で観察される。たとえば2020年にオランダで行われた調査では，コロナ禍において医療品に関する連帯への支持が非常に高いのに対し，財政的連帯，境界の開

図3　争点別連帯への支持（賛成─反対の差のパーセンテージ）（単位：%）

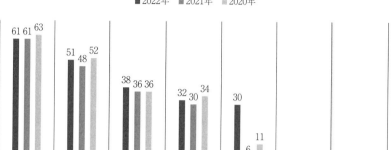

出典：Genschel et al. 2021, Hemerijck, et al. 2022より筆者作成。

放による連帯への支持は順に低いものとなる（Goldberg et al. 2021）。ま
た2016年に13カ国を対象に行われた「越境的な欧州の連帯に関する研究」
では，財政，福祉国家，領域間格差，難民への連帯につき，どの領域でも
３分の２を超える高い支持があるものの，財政や難民に関する連帯は他の
二者に比べやや低いものとなった（Gerhards et al. 2018）。

　以上のような傾向から言えるのは，調査によって程度は異なるものの，
一般に財政における連帯への支持は，超国家的な統合にせよ，水平的な支
援にせよ，世論において低くなる傾向にあるのに対し，自然災害やパンデ
ミックへの救援，支援においては欧州各国間の連帯の意識が非常に高いこ
と，また意外なことに，軍事領域での垂直的連帯や水平的連帯に対しての
支持も決して低いものではないということである。

　無論，こうした世論調査は，その時々の調査方法や国際的状況に影響を
受けるものであるし，争点によっては国家間の差異も大きい。たとえば，
債務危機の際の連帯への支持は，ユーロ危機において実際に危機に陥った

ギリシャやスペインといった国で高く，オランダやスウェーデン，ドイツ
といった国では消極的姿勢が優勢となっており，欧州内の南北の相違が反
映されている（Genschel et al. 2021）。こうした国家間での相違に加えて，
そもそも他国への支援が具体的に何を指すのか，どの程度のことを指すの
かも曖昧な点が大きいために，世論調査に表れた一般的な連帯への支持は，
より具体的な欧州の統合や各国間協力の強化へ直接につながるものではな
い。しかしながら，それがいわゆる欧州統合の支持を示すものではないに
せよ，全体として欧州の連帯の意識は決して弱いものではなく，特に水平
的な協力の強化については，必ずしも「抑制的な不一致」ばかりが存在し
ているわけではない。そこには依然として人々の欧州への期待が存在する
領域も広く存在していることは確認してよいだろう。この時，政治指導者
は「有権者の望まないことを行う理由はないが，同時に有権者の望むこと
を行わない理由もない」（Bremer et al. 2020：72）のである。

4　危機，国家，欧州統合の現在地

　本稿では，相次ぐ危機に直面したEUにおいて，国家の前景化と統合の
進展とが同時進行したことをどのように理解できるのかという問いを出発
点として，危機と国家，欧州統合との関係を探ってきた。その補助線とし
て，第1節では危機の中で登場した新たな統合理論を検討した。そこで示
されたのはマーストリヒト条約以降の欧州統合の政治化と統合の変質とい
う問題であり，特に新政府間主義において指摘された政治化にもかかわら
ずの統合の進展と，それゆえの不均衡の拡大という問題である。

　そこで第2節前段では，まず統合の政治化がどの程度生じているか，ま
た政治化による欧州政治の変容がどの程度見られるのかを検討した。その
結果は両義的なものである。一方で，統合の政治化は単線的に拡大してき
たわけではないが，他方で，統合のみをその内容とするものではないとは
いえ，統合にかかわって欧州を横断する新たな対立軸は出現しつつある。

　その意味では，国家の前景化と，より広範な欧州政治の変化は同時的に生じており，「統合／境界」の亀裂と言われるような亀裂が統合に対し制約的な不一致を強め，EUの正統性の危機を深刻化させる可能性も考え得る。

　これを受け，第2節後段では，統合の正統性について考える足場として，EU市民の統合・連帯への支持について検証した。結論から言えば，新しい理論が想定するような正統性の危機の一方向的な深まりは必ずしも見出せない。むしろ，EUに対する市民の支持は緩やかな回復傾向にある。また，EU市民の欧州内における連帯への支持に関する研究からは，驚くべきことに広範な領域で国家間の連帯への支持，また争点によっては超国家的な統合への支持が見出される。

　COVID-19の流行に対する対応の中，国家は以前にもまして大きな役割を果たしたが，他方で，その危機はユーロ危機や難民危機のように国家間の利益対立やEUへの懐疑を強めたかと言えばそうとも言えない。危機の性質の相違もそれに寄与したかもしれないが（Ferrera and Kriesi 2021），今次の危機では「裏返されたポスト機能主義」の議論が示すように，国家の役割の大きさは必ずしもEUの役割や各国間の連帯と両立しないものばかりではなかったと言える。

　マーストリヒト条約以降，欧州統合は度々の政治化を経験し，各国の世論が統合に対して与える影響は拡大している。しかしそれは否定的な側面ばかりではない。たしかにそれは正統性の危機へつながる危険をはらむが，他方で，そのような変化は欧州政治の国境を越えた変容を促すことも考えられる。欧州の人々の声は，ポスト機能主義や新政府間主義の理論が予期するように悲観的なものばかりとも言えない。たしかに人々の支持は垂直的な統合というよりは水平的な連帯を支持しており，この点は，各国が超国家機関の権限を強めず統合を行おうとするという新政府間主義の予測に合致している。しかし領域によっては垂直的統合への支持も存在し，何より水平的連帯への支持は決して低いものではない。むしろ欧州の人々は，コア・ステート・パワー論が指摘する中核的な国家のパワーに関しても一

定の国家間の連帯を支持しているのが現状である。

　2020年8月に公表された「EUは何であるべきか？」という世論調査において，経済統合を強調する「市場のヨーロッパ」や，気候変動・人権・平和の面で世界をリードする「グローバルなヨーロッパ」というよりも，域内・域外の脅威から欧州の生活や福祉を守る「保護的なヨーロッパ」であることが好ましいとする世論が，南欧を中心に高いことが示された（Smith 2020）。2020年4月という，COVID-19の高い脅威の中で行われた調査であるとはしても，そこでは，危機の中で加盟国が，EUや欧州統合を自国のために必要とするという，統合の歴史において古いながらも新しい側面が生じていることが窺える。

　これらのことが示すのは，EUが国家にとって代わることがありそうにもない一方，危機の中で単にEUが個々の国家へと戻ることも考えにくいということである。国家と統合とが危機の中で接続を強めたことは，人々の声から切り離され統合が進展することが難しくなったということではあるが，だからといって欧州の人々が統合・連帯を支持していないわけではない。EUが欧州合衆国へ向かうような「大文字の統合」は終焉したとしても，依然として多くの領域において政治的な可能性の空間は開かれている。その中で国家と統合とは，新たなつながりの形を再び想像し，創造していく必要があるように思われる。

　　謝辞：2022年度日本比較政治学会（第25回研究大会）において，討論者の加藤淳子会員，近藤康史会員，並びにフロアの方々から多くの有益なコメントを頂戴した。上記の先生方に加え，企画委員長の稗田健志会員や，後日コメントを下さった先生方に心よりの感謝を申し上げる。

注

1）　EP Spring 2022 Survey参照。

2）　Standard Eurobarometer 95.

3）　EP Spring 2022 Survey参照。

4）　Special Eurobarometer 517.

参考文献

遠藤乾（2013）『統合の終焉――EUの実像と論理』岩波書店。

遠藤乾（2016）『欧州複合危機――苦悶するEU，揺れる世界』中央公論新社。

小川有美（2019）「欧州危機と「政治化／民主主義の赤字3.0」」『日本EU学会年報』第
　39号，1-19頁。

小川有美（2022）「ポストナショナルな経済危機と民主主義――ヨーロッパ政治の縮
　減・再生・拡散」山崎望編『民主主義に未来はあるのか？』法政大学出版会，
　85-110頁。

ギデンズ，アンソニー（2015）『揺れる大欧州――未来への変革の時』（脇坂紀行訳）
　岩波書店。

田中素香（2016）『ユーロ危機とギリシャ反乱』岩波書店。

Bartolini, Stefano（2005）*Restructuring Europe : Centre Formation, System
　Building, and Political Structuring between the Nation State and the European
　Union*, Oxford：Oxford University Press.

Beck, U. and E. Grande（2007）*Cosmopolitan Europe*, Cambridge：Polity Press.

Bickerton, C. J., D. Hodson, and U. Puetter（2015）"The New Intergovernmenta-
　lism：European Integration in the Post-Maastricht Era," *Journal of Common
　Market Studies*, 53(4)：703-722.

Bickerton, C. J., D. Hodson, and U. Puetter（eds.）(2015) *The New Intergovernmenta-
　lism : States and Supranational Actors in the Post-Maastricht Era*, Oxford：
　Oxford University Press.

Brack, N. and S. Gürkan（eds.）(2021) *Theorising the Crises of the European Union*,
　Routledge.

Bremer, B., P. Genschel, and M. Jachtenfuchs（2020）"Juncker's Curse? Identity,
　Interest, and Public Support for the Integration of Core State Powers," *Journal
　of Common Studies*, 58(1)：56-75.

Dinan, D., N. Nugent, and W. E. Paterson（eds.）(2017) *The European Union in
　Crisis*, London：Palgrave.

Emanuele, V., B. Marino, and D. Angelucci（2020）"The congealing of a new
　cleavage? The evolution of the demarcation bloc in Europe," *Italian Political
　Science Review*, 50：314-333.

Ferrara, F. M. and H. Kriesi（2021）"Crisis Pressures and European integration,"
　Journal of European Public Policy, DOI：10.1080/13501763.2021.1966079.

Genschel, P. and M. Jachtenfuchs（eds.）（2014）*Beyond the Regulatory Polity? : The European Integration of Core State Powers*, Oxford：Oxford University Press.

Genschel, P. and M. Jachtenfuchs（2018）"From Market Integration to Core State Powers：The Eurozone Crisis, the Refugee Crisis and Integration Theory," *Journal of Common Market Studies*, 56(1)：178-196.

Genschel, P. and M. Jachtenfuchs（2021）"Postfuctionalism reversed：solidarity and rebordering during the COVID-19 pandemic," *Journal of European Public Policy*, 28(3)：350-369.

Genschel, P., A. Hemerijck, M. Nasr, and L. Russo（2021）*Solidarity and trust in times of COVID-19*, RSC PP 2021/11, EUI Robert Shuman Centre for Advanced Studies.

Gerhards, J., H. Lengfeld, Z. Ignácz, F. K. Kley, and M. Priem（2018）*How strong is European Solidarity?*（Berliner Studien zur Soziologie Europas（BSSE）, 37）.

Goldberg, A. C., K. Gattermann, F. Marquart, A. Brosius, and C. H. de Vreese（2021）"European solidarity in times of crisis：The role of information and media use," *West European Politics*, 44(5-6)：1314-1328.

Grimmel, A.（2019）*The Crisis of the European Union : Challenges, Analyzes, Solutions*, New York：Routledge.

Habermas, Jürgen（2012）*The Crisis of the European Union : A Response*, Cambridge：Polity Press.

Hemerijck, A., L. Russo, and P. Genschel（2022）"European solidarity：silver linings through dark clouds"（https://www.socialeurope.eu/european-solidarity-silver-linings-through-dark-clouds　最終アクセス2023年 2 月25日）.

Hodson, Dermot（2021）"The New Intergovernmentalism and the Euro Crisis：A Painful Case?", in Brack, N. and Gürkan, S.（eds.）, *Theorising the Crises of the European Union*（*Globalisation, Europe, Multilateralism Series*）, Routledge, 81-101.

Hodson, D. and U. Puetter（2019）"The European Union in disequilibrium：new intergovernmentalism, postfunctionalism and integration theory in the post-Maastricht period," *Journal of European Public Policy*, 26(8)：1153-1171.

Hooghe, L., G. Marks, and C. J. Wilson（2002）"Does Left / Right structure party positions on European integration?" *Comparative Political Studies*, 35 (8)：965-989.

Hooghe, L. and G. Marks (2008) "A Postfunctionalist Theory of European Integration : From Permissive Consensus to Constraining Dissensus," *British Journal of Political Science*, 39 (1) : 1-23.

Hooghe, L. and G. Marks (2018) "Cleavage theory meets Europe's crises : Lipset, Rokkan, and the transnational cleavage," *Journal of European Public Policy*, 25 (1) : 109-135.

Hutter, S., E. Grande, and H. Kriesi (2016) *Politicising Europe : Integration and Mass Politics*, Cambridge : Cambridge University Press.

Ioannou, D., P. LeBlond, and A. Niemann (2015) "European Integration and the crisis : practice and theory," *Journal of European Public Policy*, 26 (7) : 996-1017.

Jones, E., R. D. Kelemen, and S. Muenier (2016) "Failing forward? The Euro crisis and the incomplete nature of European Integration," *Comparative Political Studies*, 49 (7) : 1010-1034.

Jones, E., R. D. Keleman, and S. Meunier (2021) "Failing forward? Crises and patterns of European integration," *Journal of European Public Policy*, DOI : 10.1080/1351763.2021.1954068.

Kriesi, H., E. Grande, R. Lachat, M. Dolezal, S. Bornschier, and T. Frey (2008) *West European Politics in the Age of Globalization*, Cambridge : Cambridge University Press.

Ladi, S. and D. Tsarouhas (2020) "EU economic governance and Covid-19 : policy learning and windows of opportunity," *Journal of European Integration*, 42 (8) : 1041-1056.

Lipset, S. M. and S. Rokkan (1967) "Cleavage structures, party systems, and voter alignments : an introduction," in Lipset, S. M. and Rokkan, S. (eds.), *Party Systems and Voter Alignments*. New York, London : The Free Press-Collier-Macmillan : 1-64.

Marks, G., D. Attewell, J. Rovny, and L. Hooghe (2021) "Cleavage Theory," in Riddervold, M., J. Trondal, and A. Newsome (eds.), *The Palgrave Handbook of EU Crises*, Palgrave Macmillan, 173-193.

Moravcsik, Andrew (2006) "What can we learn from the collapse of the European constitutional project?" *Politische Vierteljahresschrift*, 47 (2) : 219-241.

Rauh, Christian (2021) "Between neo-functionalist optimism and post-functionalist pessimism" in Brack, N. and S. Gürkan (eds.), *Theorising the Crises of the European Union*, Routledge, 119-137.

Rauh, C., B. J. Bes, and M. Schoonvelde (2020) "Undermining, defusing or defending European integration? Assessing public communication of European esecutives in times of EU politicisation," *European Journal of Political Research*, 59(2): 397-423.

Risse, Thomas (2010) *A Community of Europeans? Transnational Identities and Public Spheres*, Cornell University Press.

Schimmelfennig, Frank (2015) "What's the news in 'new intergovernmentalism'? A Critique of Bickerton, Hodson and Puetter," *Journal of Common Market Studies*, 53(4): 723-730.

Smith, M. (2020) *What Should the EU be?*, Yougov, 03 August 2020.

Toshkov, D. and A. Krouwel (2022) "Beyond the U-curve: Citizen preferences on European integration in multidimensional political space," *European Union Politics*, 23(3): 462-488.

Zeitlin, J. and F. Nicoli (eds.) (2020) *The European Union beyond the Polycrisis? Integration and Politicization in an Age of Shifting Cleavages*, Oxon and New York: Routledge.

（さとう・しゅんすけ：國學院大學）

日本比較政治学会設立趣意書

　21世紀まで残すところ3年足らずとなった今日，国際関係は言うに及ばず，各国の内政もまた世界化の大きなうねりに巻き込まれている。日本もその例外ではなく，世界各国との経済・文化・社会のレベルでの交流が一段と深まるにつれて，その内政の動向に対する社会的な関心も高まっている。学術的にも世界のさまざまな地域や諸国の政治および外交の歴史や現状を専攻する研究者の数が順調に増加しており，そうした研究者の研究成果を社会的要請に応えて活用する必要が感じられるようになっている。

　とりわけ冷戦後の世界では，NIESや発展途上国の民主化，旧社会主義諸国の民主化および市場経済化，先進諸国の行財政改革などといった政治経済体制の根幹に関わる争点が，重大な課題として浮上してきている。これらの課題への取り組みには，単に実務的な観点から対処するだけでは十分でない。現在の諸問題の歴史的背景を解明し，それを踏まえて学術的な観点から課題の設定の仕方に立ち返って問題点を理論的に整理し，効果的な政策や制度を構想していくことも必要である。そのためには各国別の研究にとどまらず，その成果を踏まえて理論的に各国の政治や外交を比較・検討し，研究上の新たな飛躍を生み出すことが肝要である。

　このような目的のために，本学会は世界各国の政治や外交を専攻する内外の研究者を集め，相互の交流と協力を促進するとともに，研究上も独自な成果を公表し，国際的にも発信することを目指している。と同時に社会的にも開かれた学会として，各国政府関係者，ジャーナリスト，民間機関・NGO等各種実務家との交流も，振興することを目的にしている。本学会の学術活動に貢献していただける方々の，協力をさらに期待するところである。

　1998年6月27日

入会のお誘い

　日本比較政治学会は，前ページの設立趣意書にもあるように，「世界各国の政治や外交を専攻する内外の研究者を集め，相互の交流と協力を促進するとともに，研究上も独自な成果を公表し，国際的にも発信すること」を目的として1998年6月に設立された，日本で唯一の「比較政治学」を軸とした学会です。

　学会の主たる活動は，年次研究大会の実施と日本比較政治学会年報の発行です。年次研究大会では様々な地域，あるいは分野に関する先端的な研究報告が行われています。またこの年次大会における共通論題を軸として発行される学会年報では，従来取り上げられていない新しいテーマや，従来の議論を新しい視点から見直すようなテーマが取り上げられています。これ以外の学会の活動としては，オンラインジャーナル『比較政治研究』と『MINERVA 比較政治学叢書』の刊行，年2回のニューズレターの発行，ホームページやメーリングリストを通した研究活動についての情報提供や情報交換などを行っています。

　学会は，比較政治学に関心を持ち，広く政治学や地域研究を専攻する方，および政治学や地域研究の研究・教育に密接に関連する職業に従事する方の入会をお待ちしています（ただし大学院生の方につきましては，修士課程もしくは博士前期課程を修了した方に限ります）。入会の手続および年会費などに関しましては，学会ホームページ（http://www.jacpnet.org/）の中にある「入会案内」の項をご参照ください。

　ご不明の点は下記の事務委託先までお問い合わせください。

[学会の事務委託先]
〒602-8048　京都市上京区下立売通小川東入ル
中西印刷株式会社 学会部 日本比較政治学会事務支局
TEL：075-415-3661　FAX：075-415-3662
E-mail：jacp@nacos.com

日本比較政治学会

［Japan Association for Comparative Politics］

本学会は，「ひろく政治学や地域研究を専攻する」メンバーによって，「比較政治の研究を促進し，内外の研究者相互の交流を図ることを目的」として，1998年6月に設立された。

［学会事務局連絡先］

〒108-8345　東京都港区三田2丁目15-45

慶應義塾大学法学部・粕谷祐子研究室

日本比較政治学会事務局　jacp@jacpnet.org

学会ホームページ https://www.jacpnet.org/

執筆者（執筆順）

稗田健志（ひえだ・たけし）大阪公立大学大学院法学研究科教授

安中　進（あんなか・すすむ）弘前大学人文社会科学部助教

小松志朗（こまつ・しろう）山梨大学大学院総合研究部生命環境学域准教授

末近浩太（すえちか・こうた）立命館大学国際関係学部教授

山尾　大（やまお・だい）九州大学大学院比較社会文化研究院准教授

谷口美代子（たにぐち・みよこ）宮崎公立大学人文学部教授

武田宏子（たけだ・ひろこ）名古屋大学大学院法学研究科教授

早川有紀（はやかわ・ゆき）関西学院大学法学部准教授

裵　俊燮（ペ・じゅんそぶ／BAE JUNSUB）明治学院大学国際学部専任講師

佐藤俊輔（さとう・しゅんすけ）國學院大學法学部准教授

日本比較政治学会年報第25号

危 機 と 国 家

2023年12月30日　初版第1刷発行　　　　　　　　〈検印省略〉

定価はカバーに
表示しています

編　　者　　日本比較政治学会
発 行 者　　杉　田　啓　三
印 刷 者　　藤　森　英　夫

発行所　株式会社　ミネルヴァ書房
607-8494　京都市山科区日ノ岡堤谷町1
電話代表　(075)581-5191
振替口座　01020-0-8076

Ⓒ日本比較政治学会, 2023　　　　　　　亜細亜印刷・坂井製本

ISBN978-4-623-09651-0

Printed in Japan

日本比較政治学会編　日本比較政治学会年報
各巻Ａ５判・美装カバー・208〜286頁・本体3000円

━━━━━ ミネルヴァ書房 ━━━━━

https://www.minervashobo.co.jp/